Louis Lavelle

Conduite
à l'égard
d'autrui

Essai

Le code de la propriété intellectuelle du 1er juillet 1992 interdit en effet expressément la photocopie à usage collectif sans autorisation des ayants droit. Or, cette pratique s'est généralisée dans les établissements d'enseignement supérieur, provoquant une baisse brutale des achats de livres et de revues, au point que la possibilité même pour les auteurs de créer des œuvres nouvelles et de les faire éditer correctement est aujourd'hui menacée. En application de la loi du 11 mars 1957, il est interdit de reproduire intégralement ou partiellement le présent ouvrage, sur quelque support que ce soit, sans autorisation de l'Éditeur ou du Centre Français d'Exploitation du Droit de Copie , 20, rue Grands Augustins, 75006 Paris.

ISBN : 978-2-37976-202-4

10 9 8 7 6 5 4 3 2 1

Louis Lavelle

Conduite
à l'égard
d'autrui

Essai

Table de Matières

PRÉFACE	7
Chapitre I	8
Chapitre II	15
Chapitre III	25
Chapitre IV	31
Chapitre V	44
Chapitre VI	55
Chapitre VII	64
Chapitre VIII	75
Chapitre IX	81
Chapitre X	91
Chapitre XI	104
Chapitre XII	113

PRÉFACE

Tout le problème des relations entre les hommes consiste à savoir passer d'un état de sympathie ou d'antipathie naturelles qui règne entre les caractères, à cet état de médiation mutuelle qui permet à chacun d'eux de réaliser par l'intermédiaire d'un autre, d'un indifférent, d'un ami ou d'un ennemi, sa propre vocation spirituelle.

L'univers réel se réduit pour nous à nous-même et aux êtres auxquels nous sommes liés par les rapports les plus intimes. Tout autour règne un grand cercle d'ombre qui n'est peuplé que d'apparences ou de choses.

Il n'y a pas une multiplicité de consciences isolées et qui cherchent vainement à franchir l'intervalle qui les sépare. Il n'y a qu'une seule conscience dont nous sommes les membres dispersés. Chacune a besoin de toutes les autres pour la soutenir : et ce qu'elle rencontre chez les autres est aussi en elle où elle le découvre grâce à leur médiation.

Nous voudrions décrire le véritable visage de l'homme, non pas seulement ce qu'il est par contraste avec ce qu'il doit être, mais ce qu'il croit être et n'est que dans l'opinion avec ce qu'il est au fond de lui-même et dans sa véritable essence. C'est cette essence précisément qu'il lui appartient de trouver. Mais ces états malheureux que nous décrivons sont ceux dans lesquels tous les hommes aujourd'hui se complaisent et qu'ils considèrent comme formant le tout de l'homme.

Il est possible que l'on trouve dans ce livre plus d'amertume que dans nos livres précédents. C'est qu'il y a deux vérités : une vérité spirituelle, faite de joie et de lumière mais dans laquelle nous ne vivons pas toujours ; c'est celle que nous nous sommes attaché jusqu'ici à décrire ; elle donne une grande satisfaction à tous ceux dont le regard est tourné vers le dedans et à qui l'on reproche souvent de rêver la vie au lieu de la vivre. Et il y a une vérité extérieure et qui se montre, qui ne cesse de démentir l'autre, la seule qui existe pour ceux dont le regard est tourné vers le dehors, et qui justifie toutes leurs plaintes et tous leurs sarcasmes : car ils la comparent avec l'autre dont ils portent en eux l'appel nostalgique. C'est là, dira-t-on, le conflit de la vérité et de la réalité. Ils essaient les uns et les autres de les faire coïncider.

Mais pour les uns, c'est la réalité qui doit s'abolit et se changer un jour en vérité ; pour les autres, la vérité n'est rien tant que la réalité où il faut qu'elle s'incarne ne lui devient pas conforme.

Mais on fera deux observations : la première, c'est que la vérité spirituelle ne se découvre à l'homme que dans la solitude, où le moi est immédiatement en rapport avec Dieu, au lieu qu'il y a une vérité humaine qui ne cesse de la contredire, et où l'individu rencontre toujours d'autres individus comme lui avec lesquels il entre dans une sorte de conflit de tous les instants. Ce sont comme autant de dieux rivaux qui luttent pour la prééminence, mais s'ils réussissent à s'accorder, c'est Dieu même qui devient présent au milieu d'eux. La seconde observation c'est que ce sont nos rapports avec les autres hommes qui forment la substance même de notre propre vie. Et dans chacun d'eux ils montrent à la fois ce qui les limite, les arrête, les oppose et ce qui leur permet de se dépasser et de s'unir,

Il n'y a pas d'autre mal que celui que les hommes se font les uns aux autres. Ce sont les rapports que nous avons avec les autres hommes qui nous rendent heureux ou malheureux. Mais si nous savions que les biens que nous possédons produisent nécessairement la jalousie et la haine, nous accepterions cette jalousie et cette haine sans qu'elles fassent de tache sur notre bonheur…

Chapitre I
LA PLACE DE L'HOMME DANS LE MONDE

I. - ROYAUTÉ DE L'HOMME

« Si je regarde les étoiles, dit le psaume, qu'est-ce que l'homme ? Pourtant, ô Éternel, tu l'as fait de peu inférieur à Dieu », c'est-à-dire infiniment supérieur aux étoiles, ce que Pascal exprime admirablement en disant que l'univers le comprend et l'engloutit comme un point, mais que cet avantage que l'univers a sur lui, l'univers n'en sait rien. C'est donc que toute sa dignité consiste dans la pensée par laquelle il comprend à son tour l'univers et qui fait de lui un esprit comme Dieu.

Mais cela ne suffit pas encore : car Dieu a fait de l'homme le seul être au monde qui soit libre comme lui, qui puisse toujours devenir le premier commencement de lui-même, qui ne soit pas tout entier capté par l'impulsion de la nature ou par les sollicitations de l'événement, le seul être au monde qui soit à la fois dans le monde et au-dessus du monde.

L'homme est le dieu de ce monde spirituel dans lequel il vit et qui n'existe qu'en lui et par rapport à lui. Ce n'est donc pas assez de dire que le pouvoir qu'il possède est comparable à celui d'un roi dans son royaume, car le roi n'exerce son pouvoir que sur les choses, au lieu que la royauté de l'homme est une royauté tout intérieure, qui le rend maître de lui-même et de toutes ses pensées. Le roi comme roi ne dispose jamais que de ce qu'il peut voir, c'est-à-dire de l'apparence, mais comme homme il dispose de ce qu'il est, que personne ne voit, et qui est le seul royaume où chacun soit appelé à vivre, même le roi. Enfin, tandis que le roi entend conformer l'ordre des choses à sa volonté propre qui est toujours misérable et le rend esclave de lui-même, l'homme, quand il est sage, conforme sa volonté à un ordre dont il fait partie et qui, en le dépassant, le délivre de ses limites.

II - L'HOMME BALANCIER DE LA CRÉATION

L'homme est médiateur entre la chair et l'esprit. Non pas que la chair et l'esprit existent séparément avant que l'homme ait commencé à agir ni que sa nature soit un effet de leur mélange. Il faut dire au contraire que l'homme se fait lui-même chair ou esprit par une option de sa liberté. Dès que la liberté s'abandonne ou se renonce, le moi retombe sous la loi de l'inertie : il n'est plus que matière. Et cette matière fait de lui un être de chair qui ne connaît d'autre état que la sensation et la passion. Mais dès que la liberté entre de nouveau en jeu, le moi est tout entier avec elle ; il récuse tout ce qui la limite et la contraint ; il découvre sa participation à l'absolu : l'infini est ouvert devant lui. En cela seulement réside la valeur de l'homme et la raison qu'il a d'avoir confiance et d'espérer toujours. La conscience qu'il a de soi en fait à la fois le véhicule et le témoin de la puissance créatrice.

L'homme est un milieu entre l'animal et Dieu ; il est incapable de devenir jamais ni tout à fait l'un ni tout à fait l'autre. Mais il oscille entre ces deux extrêmes. Il est le balancier de la création. L'animal subit l'évolution, mais l'homme la conduit. Il est un animal qui évolue vers Dieu.

L'homme a une histoire qui accumule en lui comme un capital spirituel tous les événements qu'il a traversés, toutes les actions qu'il a faites. Mais l'animal n'a qu'une nature qui l'asservit à son espèce, c'est-à- dire à l'instinct et à la chair. Le propre de l'activité humaine, c'est donc qu'elle cesse d'être assujettie à la loi de l'espèce comme l'activité animale. Aussi longtemps qu'elle l'est, c'est l'animal qui parle dans l'homme et non point l'homme. Dans l'homme il y autant d'espèces que d'individus. Et il est vain de vouloir s'arrêter à la race, qui appartient à la nature, alors que l'homme ne commence qu'avec la liberté.

Les animaux se sont partagés tous les modes de l'activité, l'homme les rassemble en lui et, en optant entre eux, il se libère de toutes les servitudes de la nature. A l'usage de l'organe qui lui a été donné il préfère celui de l'instrument qu'il a inventé. Il est vrai qu'il peut en devenir l'esclave à son tour : et quand il semble guider l'instrument, c'est souvent l'instrument qui le guide. Mais il est capable aussi de s'en détacher. Il est toujours au-dessus : car il n'accepte pas de n'être qu'un rouage dans ce grand univers. Il veut l'assumer tout entier, c'est-à-dire non pas seulement en prendre possession par la pensée, mais le recréer sans cesse, comme Dieu lui-même, qui ne se laisse jamais emprisonner par sa création.

C'est donc le propre de l'animal de rester toujours fidèle à sa nature, lion ou agneau, vautour ou colombe. Mais le propre de l'homme c'est de l'outrepasser toujours. Et s'il trouve en lui toutes les possibilités à la fois c'est afin de lui permettre tantôt de l'embellir et tantôt de la corrompre. Car selon l'usage qu'il en fait, il devient, dit Aristote, le meilleur des animaux ou le pire.

On croit parfois que la seule originalité de l'homme, c'est de mettre son intelligence ou sa volonté au service du besoin et de l'instinct ; c'est là un idéal qui suffit à presque tous : mais l'homme n'est alors qu'un animal plus savant et plus habile, et qui est capable de pervertir en lui toutes les fins de l'animalité. Il vaudrait mieux dire que sa vocation est de mettre toutes les puissances du besoin et de l'instinct au service de l'intellect et du vouloir. Alors au lieu de les anéantir, il leur donne une signification qui les transfigure.

III. - LE JEU ET LA LIBERTÉ DE L'ESPRIT

Le loisir chez l'animal engendre le jeu, qui est si l'on peut dire l'essai de toutes les possibilités de son corps : tous les mouvements du jeu sont accomplis avec une sorte de désintéressement et seulement pour le plaisir; ils trouvent dans l'espace une sorte d'exercice pur. Telle est aussi la figure de la vie de l'esprit : celle-ci est une sorte de jeu supérieur dont la conscience est le champ. Là, tous les possibles qui sont dans le monde subissent tour à tour une sorte d'épreuve : mais c'est afin que chacun de nous puisse choisir parmi eux le possible dont il fera l'être qui sera lui-même.

Car si l'homme contient en lui toutes les puissances de la nature, c'est parce qu'il a le pouvoir de les affirmer ou de les nier, de les refouler ou de les exercer par un acte libre. Ainsi on a bien le droit de dire, comme on le faisait autrefois, que la nature n'a été créée qu'en vue de l'homme, mais c'est parce qu'elle lui fournit tous les matériaux et toutes les ressources dont la disposition n'appartient qu'à lui seul.

Et s'il n'y a point de limite au progrès de l'humanité, c'est non point proprement parce qu'elle a l'infinité du temps devant elle, mais parce qu'à partir du moment où la volonté s'affranchit de l'instinct, toutes les frontières à l'intérieur desquelles sa nature prétendait l'enfermer se trouvent tout à coup rompues.

Mais il faut que l'homme, dans une sorte d'ivresse de la liberté, se garde d'une autre servitude qui est pire que celle de l'instinct, et qu'il s'impose cette fois à lui-même. Car le besoin de produire toujours quelque ouvre nouvelle, d'exercer sur la matière une domination toujours plus grande, sont des contraintes pires que celles de l'instinct. Les chaînes que forge notre liberté sont plus lourdes à porter que celles auxquelles la nature nous assujettit. Un être qui se réduit tout entier à sa propre nature ne se sent point divisé avec lui-même : mais celui qui porte en lui toute la nature veut se prouver sans cesse à lui-même qu'il est libre. Et la nécessité où il est d'exercer toujours sa liberté devient pour lui si pesante qu'il éprouve une sorte de nostalgie à l'égard de la spontanéité naturelle qu'il a perdue et qui devient aussi pour lui une sorte de modèle de la liberté véritable. Mais l'idéal de la liberté, c'est de faire que les mouvements de l'esprit ressemblent à ceux de la nature, qu'ils les prolongent au lieu de les abolir, qu'ils en soient comme la fleur.

IV. - LE TEMPS ET LA VIE DE L'ESPRIT

On dit parfois que l'homme vit dans le temps, au lieu que l'animal vit seulement dans l'instant. Cela n'est pas tout à fait vrai. Car l'animal aussi est appuyé sur ce qui vient d'être et penché sur ce qui va être. Mais il subit la loi du temps au lieu que l'homme la produit. L'homme lui aussi est incapable de rompre jamais avec l'instant qui le cloue au devenir : mais dans l'instant il oscille sans cesse de l'idée de son être possible à l'idée de son être accompli. Et le passage de l'un à l'autre est la vie même de son esprit.

C'est que l'homme est d'abord un être qui dispose de sont attention. Il n'est point nécessairement attiré par la chose présente. Il peut en retirer son regard et l'appliquer ailleurs. L'animal au contraire ne cesse d'être fasciné par elle. On peut dire aussi bien qu'il vit dans un état de perpétuelle distraction, car il n'y a que l'homme qui soit attentif ou du moins qui puisse l'être, si être attentif c'est être maître de son attention, en choisir toujours l'objet et l'emploi.

L'animal n'a point de for intérieur : quand il se tourne vers soi, il s'endort ou entre dans un rêve qui continue son existence sensible et ne l'en détache jamais. Il se meut dans un monde où il se contente de pâtir. Et l'homme aussi en tant qu'il n'est qu'un animal. Mais en tant qu'il est un homme, il se meut dans un monde dont il veut pénétrer le sens et à qui il veut en donner un. Le premier est le monde des corps et le second le monde de l'esprit. Contrairement à ce que l'on croit, celui-là est propre à chacun, celui-ci commun à tous. Le premier n'a d'existence que par la sensation, et l'autre n'a d'existence que par la pensée.

V. - LA VIE ANIMALE TRANSFIGURÉE

Cependant l'animalité agit toujours dans l'homme qui ne cesse de conquérir sur elle son existence éternelle. Ainsi il importe de ne point trop rabaisser l'animal qui est en nous. Il y a même une sauvagerie de la vie à laquelle il n'est pas mauvais parfois de s'abandonner. C'est elle qui donne à l'âme sa puissance. Il convient, non pas de l'étouffer — où trouverait-on une autre force pour lutter contre elle ? — mais de la transfigurer pour la changer en un élan spirituel.

Sans doute l'homme d'action, que l'instinct de dominer ne cesse de pousser et la possession du monde d'attirer, n'est souvent rien de plus qu'un animal de proie que l'on peut placer, si l'on veut, au sommet de l'échelle animale, mais qui pour l'esprit est toujours un moyen et non point encore une fin. Dans un autre homme il ne trouve qu'un gibier auquel il fait la chasse. Il arrive il est vrai qu'il y ait plus d'union entre le gibier et le chasseur qu'entre le gibier et son protecteur, qui sont entre eux comme des étrangers et ne se rencontrent que pour se mépriser.

Mais la vérité, c'est qu'on observe à l'intérieur de l'espèce humaine toutes les relations que les différentes espèces animales ont entre elles ; des êtres qui se repoussent et d'autres qui s'attirent dès le premier contact et sans que la raison ni le choix y soient pour rien. Ce sont là des rapports que l'on peut adoucir, fortifier, gouverner et parfois convertir, mais jamais abolir. Il y a parmi eux des chiens et des chats, des oiseaux et des serpents. On peut les amener à vivre et même à jouer ensemble dans une sorte de société domestique. Mais leurs réactions les plus immédiates ont beau être masquées et retenues, à la première crise elles éclatent. Et la difficulté est moins de les abolir que de les convertir. C'est le propre de l'esprit d'en changer le sens, de ne point s'arrêter aux différences naturelles, mais de pénétrer jusqu'à la vérité et l'erreur, au bien et au mal, à la beauté et à la laideur dont elles sont les instruments plutôt que les marques. Car de chacune d'elles il est possible sans doute de faire un bon ou un mauvais usage. Et en tout homme, c'est cet usage bon ou mauvais de ce qu'il est par nature qu'il faut aimer ou repousser.

VI. - *LA STATION DROITE,*
IMAGE DE NOTRE ÊTRE SPIRITUEL

La station droite, dit-on, est caractéristique de l'homme. Mais elle est l'image de son être spirituel. Car elle n'est possible que par un acte de volonté constamment renouvelé qui l'empêche de céder à la pesanteur et de vivre sous la loi de l'instinct. Dans le même sens on disait autrefois de l'homme, en utilisant l'étymologie du mot grec qui le nomme, qu'il est celui qui regarde en haut et au loin, celui qui embrasse non seulement la terre qu'il désire, mais le ciel qu'il contemple et l'horizon qui les joint.

La station droite subsiste encore jusque dans la Croix qui elle aussi est l'image de l'homme, mais réduit à son plus parfait dénuement : elle est l'homme même dès qu'on l'immobilise, qu'on rapproche ses pieds l'un de l'autre, dès qu'on le met hors d'état de se défendre en l'obligeant à avoir les bras étendus. C'est sur la Croix qu'il est véritablement exposé et prêt seulement à subir.

Car si la grandeur de l'homme réside dans le pouvoir qui lui a été donné d'accomplir un acte libre, indépendant de l'ordre voulu par Dieu, c'est-à-dire dans le pouvoir de pécher, il ne peut faire autrement que d'établir entre le péché et la souffrance une mystérieuse liaison. Mais nous voudrions toujours que la souffrance fût non pas tant le salaire que la rédemption du péché. Nous sentons que si la souffrance est l'existence même en tant qu'elle a des bornes qui lui sont naturellement imposées, le péché, c'est l'existence encore, mais en tant qu'elle s'impose des bornes à elle-même ; et notre raison serait presque satisfaite si l'une était toujours l'effet de l'autre.

Mais c'est dépasser le but que de vouloir faire de la souffrance un mérite, il suffit de dire qu'elle est inséparable de la condition de l'homme qui réside dans la rencontre de la nature et de la liberté. Dans la souffrance, c'est la liberté qui est vaincue, alors que dans la joie la condition de l'homme semble oubliée et dépassée ; la nature et la liberté sont si bien accordées qu'on ne les distingue plus ; la nature épanouit la liberté et cesse de la violenter.

VII. - LA SIGNIFICATION INTÉRIEURE DU MONDE

Le monde qui nous entoure est un miroir où notre nature se reflète. Il dessine à sa surface l'intérêt même que nous prenons aux choses. Il nous montre des reliefs et des creux qui figurent l'image de nos désirs, la grandeur et les limites de nos différentes puissances. Dans ce monde l'existence des corps est l'effet et la mesure de notre imperfection, loin que l'imperfection soit un effet de l'existence des corps. C'est sur ce monde que les regards de tous les hommes se dirigent et se croisent. Mais il est en même temps le lieu d'une épreuve qui leur est commune.

Il n'y a rien de plus extraordinaire que cette apparente découverte des modernes, qui se montre si paradoxale et qui paraît si commune, qu'il faut que le moi se replace d'abord dans le monde. Car il n'y a jamais personne qui l'ait nié. Il n'y a jamais eu d'idéaliste assez aveugle ou assez fanatique pour avoir voulu se placer au-delà du monde ni enfermer le monde dans son esprit. Mais ce que l'on méconnaît aujourd'hui, c'est la plus grande acquisition de la réflexion humaine, c'est que le monde à une signification intérieure et que cette signification, nul ne peut la découvrir que dans son esprit et par un acte de son esprit.

Il y a des hommes, il est vrai, dont on pourrait croire qu'ils appartiennent à peine à l'humanité et qu'ils laissent aux autres le soin de vivre sur la terre, afin de porter seulement en eux la conscience de l'humanité, de la terre et de la vie. Toutes les actions que les autres accomplissent demeurent chez eux à l'état d'idées, c'est-à-dire de puissances pures : il leur suffit d'en prendre possession et d'en éprouver le jeu. Dira-t-on qu'ils se sont retirés de l'existence ? Mais ce sont eux qui lui donnent sa signification et son prix ; ils ont su en capter l'essence et l'on peut dire que' les autres hommes leur empruntent cette lumière spirituelle sans laquelle l'existence ne serait que celle du corps et qui les rapproche toujours davantage à la fois d'eux-mêmes et de Dieu.

Chapitre II
PRÉSENCE DE QUELQU'UN

I. - PREMIÈRES APPROCHES

Semblable à l'animal qui, observant devant lui une présence inconnue et sentant battre en elle une vie qui n'est pas la sienne, se réduit tout entier à cette anxieuse alternative d'en faire une proie ou de devenir lui-même sa proie, ainsi quand un homme rencontre un autre homme, c'est pour lui un étranger, mais qui a une face d'homme comme lui et dont il se demande dans une sorte de tremblement, aujourd'hui comme au premier jour, s'il vient au-devant de lui pour partager sa vie ou pour la détruire.

Qu'est-ce en effet qu'un autre homme, sinon une initiative, une volonté qui ne sont pas les miennes, dont je ne suis pas le maître et qui m'obligent à être toujours sur le qui-vive ? Il n'y a plus en moi qu'une muette interrogation sur ce qu'il va être pour moi. Qu'est-ce que son regard me promet ? Qu'est-ce que sa main m'apporte ? Va-t-il soutenir et agrandir l'être que je suis ? Où va-t-il l'opprimer et le meurtrir par sa seule présence avant même d'agir ?

Aussi bien le premier contact de deux êtres humains est-il toujours plein d'hésitation, de timidité, de crainte et d'espérance. Chacun éprouve une sorte de frémissement devant ce mystère vivant qui s'offre tout à coup à lui. Ne sera-ce là pour lui qu'un passant ? Va-t-il y découvrir un bourreau ou un frère ? Dans ces premières approches il retarde la rencontre en perdant et du temps et des paroles, désirant et redoutant à la fois qu'elle se produise.

C'est un autre, dit-on. Il semble que ce soit d'abord pour moi un ennemi qui contredit tout ce que je suis. Sa seule présence m'offusque et me nie. Car le propre du moi, c'est d'aspirer à régner sur le monde. Il faut donc qu'il en chasse tout autre moi ou qu'il craigne à son tour d'en être chassé. La terre entière m'était promise : et voilà qu'elle commence à m'échapper. Cette existence que je trouve tout à coup en face de moi est si différente de celle d'un objet que devant ce regard, c'est moi-même, comme on l'a dit, qui me sens devenir objet et peut-être gibier.

Cependant cet être qui n'est pas seulement autre que moi, qui est véritablement le moi d'un autre, me donne à moi-même la conscience du moi que je suis. Jusque-là j'étais perdu dans un monde qui n'offrait nulle part d'existence comparable à la mienne. Or, voilà que je découvre un pouvoir qui n'est plus le mien, qui balance ses effets, qui tantôt le devance et tantôt lui répond. C'est le miracle d'une conscience qui n'est pas ma conscience, mais qui la reflète, qui prolonge l'être que je suis, découvre en lui des puissances insoupçonnées et fait éclater cet éternel dialogue avec soi qui ne peut se consommer autrement qu'en un dialogue avec tout l'univers.

Car dès que je me trouve en face d'un autre, tout mon être est ébranlé et, si l'on peut dire, mobilisé, tous mes états deviennent plus aigus, je ne me contente plus de les subir. Ce sont déjà des actes. Mon être psychique cesse de se considérer comme un être donné qui accepte d'être ce qu'il est ; il se change déjà en un être possible qui prend la responsabilité de ce qu'il va être. Le moi ne reste plus à la surface de l'existence et de la vie : en soi, hors de soi, il cherche quelle est leur signification la plus profonde et entreprend de la leur donner. La plus grande épreuve qui puisse être donnée à un homme, c'est la rencontre d'un autre homme. Car elle le révèle à lui-même. Et il arrive tantôt qu'elle le comble et tantôt qu'elle le supplicie.

II. - *UNE SOCIÉTÉ NAISSANTE*

Nous croyons toujours habiter dans le monde des choses ou dans le monde des idées : mais, dit profondément Vauvenargues, nous ne jouissons que des hommes, le reste n'est rien. De même l'homme supporte aisément tous les maux qui lui viennent des choses, ou ceux qui lui viennent des bêtes féroces. Mais il ne peut supporter ceux qui viennent d'une volonté humaine. L'homme ne peut avoir que l'homme pour bourreau.

Et l'on voit bien aussi qu'autrui est toujours pour moi l'occasion du péché, péché de jalousie, péché de haine qui est peut-être aussi l'unique péché. Il arrive qu'autrui ne soit pour moi que l'objet d'une convoitise que l'on confond parfois avec l'amour ou ce qui revient au même, qu'un moyen destiné à me servir. Mais cette occasion change de sens, dès que l'amour-propre est oublié : dans la charité c'est moi qui ne pense plus qu'à servir.

Un monde spirituel s'ouvre alors devant nous, tout à la fois familier et inconnu, une société commence à se former et l'inquiétude se mue sans cesse en sécurité et le manque en possession. C'est ce que l'on voit dans l'amour, dans l'amitié et dans les rapports mutuels de maître à disciple qui ne diffèrent pas autant qu'on pourrait le croire de l'amitié et de l'amour : or en présence d'un autre homme, chacun de nous, le plus grand comme le plus humble, est tour à tour disciple et maître.

Quelle chose extraordinaire qu'il puisse exister hors de moi d'autres êtres et que je ne puisse ni m'en passer ni les supporter. Ce sont les rapports avec eux qui remplissent toute notre vie et c'est pour cela que nous les remarquons à peine. Car la matière se dresse entre eux et nous et arrête seul notre regard. C'est elle qui fait l'objet de notre science. Pourtant, nos plus grands malheurs, nos plus grandes joies viennent des autres. Il y a peu d'hommes qui puissent rester longtemps en tête à tête avec eux-mêmes : ils soupirent vers un ami qui les en délivre ; ils se contentent souvent d'un indifférent. La présence d'un ennemi est même pour eux une sorte de soulagement.

Et pourtant, ils appellent en même temps cette solitude de tous leurs vœux, ils gémissent de la voir s'interrompre : il faut avoir le courage de dire qu'il n'y a sans doute personne au monde qui, en présence de l'ami le plus sûr, n'ait senti parfois se former puis s'évanouit en lui la ride légère de l'importunité. L'homme aspire à être seul dans le monde comme s'il voulait occuper lui seul toute l'étendue du réel. Un autre est toujours pour lui un obstacle qui l'en empêche : aussi cherche-t-il à en faire l'instrument même de son règne ou sinon à l'anéantir. Mais il finit toujours par s'apercevoir que la possession de tous les objets qui sont dans le monde vaut moins qu'un fétu en comparaison du simple regard d'un inconnu. Le contact d'un autre être est toujours une épreuve qu'il faut avoir le courage de supporter : il faut qu'elle m'humilie à la fois et qu'elle m'exalte. Il semble qu'en lui comme en moi un dieu est prêt à surgir qui, au moindre signe, ouvre ses bras à l'autre et l'emporte jusqu'au septième ciel.

III. - UNIVERSELLE DÉPENDANCE

De Dieu même nul ne saurait rien, s'il considérait son propre moi comme un absolu au-delà duquel il n'y a rien qu'un monde de choses indifférentes, et refusait de pénétrer avec un autre moi dans ce monde spirituel qui leur est commun et qui ne cesse de se former et de s'agrandir par leur mutuelle contribution. Quelle serait ma misère si j'étais seul en présence des choses ! Quel orgueil de penser que je suis un être unique et privilégié capable de me suffire indépendamment de tous les êtres qui sont avec moi dans le monde pour exprimer l'infinité de la puissance créatrice, que je dois me séparer d'eux pour être tout à fait moi-même ! Je veux alors que Dieu soit à moi seul. Mais Dieu ne l'a pas permis. Il a voulu que les hommes ne puissent communiquer avec lui qu'en communiquant entre eux, comme s'il n'était rien de plus que cette vivante communication. Il a voulu que chacun d'eux, même le plus humble, même le plus sot, même le plus méchant, m'apporte sur le monde quelque révélation que je n'aurais pas reçue si j'étais demeuré seul.

Et Dieu veut encore que nous l'imitions. De même qu'il réalise son essence en se donnant à d'autres esprits qu'il appelle à jouir de la vie et de la lumière qui sont en lui éternellement, de même, il nous demande de créer notre propre essence en faisant participer aux dons que nous avons reçus tous les êtres que nous trouvons sur notre chemin.

Inversement, mon existence a toujours besoin d'être confirmée par autrui. Autrement il me semble que je reste moi-même séparé du monde et de l'existence elle-même ; je ne suis plus qu'une possibilité pure ; je ne puis plus distinguer le rêve de la réalité. Car ce qui les distingue, c'est que le rêve interrompt mes rapports avec autrui : c'est un monologue que je poursuis sans lui. Il peut être présent dans mon rêve, mais c'est une présence illusoire qu'il dément si je le rencontre.

IV. - EXISTER POUR AUTRUI

Il est admirable qu'il n'y ait rien de plus en nous qu'une pure virtualité, avant que nous l'ayons incarnée dans le monde visible et que cette incarnation soit en même temps le témoignage par lequel nous rompons notre solitude et entrons en contact avec tous les hommes. Ainsi il semble qu'il faille exister pour autrui afin de pouvoir exister pour soi-même.

Chacun il est vrai proteste contre une telle pensée : tant il est vrai que nul ne doute que son être ne soit un être intérieur et caché. Mais nul ne doute aussi qu'il n'est rien que par une épreuve qu'à tout instant il doit être capable d'affronter et de subir. Or cette épreuve, c'est notre action dans le monde, telle qu'elle se produit non pas seulement devant tous les hommes mais à leur égard, de manière à nous permettre de former avec eux une invisible société dont le monde est le témoin. C'est un paradoxe que le monde visible soit aussi le monde de la séparation jusqu'au moment où il trahit le secret de l'esprit qui abolit toutes les séparations.

Il y a plus : je doute de la valeur de toutes mes idées, même les plus belles, si je ne puis pas les éveiller chez un autre. J'ai besoin qu'elles soient comprises et partagées. Et la plus grande émotion que j'éprouve, c'est de découvrir un jour que le secret le plus profond de moi-même que j'osais à peine m'avouer à moi-même est aussi le secret d'un autre et peut-être le secret de tous.

V. - *MIRACLE DE LA PRÉSENCE*

Le contact avec un autre est toujours une déchirure de l'amour-propre, de cette coque qui enveloppe et protège notre être secret avant qu'il puisse s'épanouir à la lumière du jour et découvrir cette merveille qui est le monde. Mais cette déchirure recommence toujours, car l'amour-propre est toujours renaissant : il nous sépare du monde et sans lui pourtant le monde ne nous deviendrait jamais sensible. C'est lui qui sauve notre indépendance et cette sorte de science pathétique du moi séparé, qui doit être traversé et dépassé pour que le monde même nous devienne présent. Car c'est le même lien qui nous attache à nous-même et à tout ce qui est. En nous refermant d'abord sur notre propre moi il forme un noeud qui doit être dénoué pour que nous puissions ensuite le resserrer sur chaque être et sur chaque chose.

Mais les choses ne suffisent pas pour nous arracher à nous-même ; et le goût de la solitude s'accommode toujours au contraire du spectacle de la nature : de celui-ci l'horizon recule toujours, mais c'est encore l'horizon de notre solitude. Il n'en est pas de même de la rencontre d'un autre être qui est trop semblable à nous pour que son activité ne paraisse pas limiter la nôtre dans cette infinité même où elle pensait se mouvoir, et la blesser dans cette libre disposition d'elle-même qui jusque-là lui appartenait. Mais il faut que cette blessure, en me découvrant une existence qui n'est pas la mienne, m'apporte plus que je ne saurais moi-même me donner ; elle se change alors en une blessure d'amour ; ce qui suffit à faire de la nature elle-même non plus un refuge contre la société des hommes, mais son instrument et son véhicule. Et dès lors elle semble participer elle-même, comme les poètes l'ont bien vu, à tous les sentiments qu'ils peuvent éprouver, à leur joie, à leur tristesse et à toutes leurs passions dont elle devient en quelque sorte le miroir.

Mais nous avons besoin de la présence des autres hommes plus encore que de leurs paroles ou de leurs gestes. Il est vrai que l'on ne discerne pas toujours où la présence commence et où elle finit. Elle peut se réduire à la présence du corps, qui n'est qu'une image de l'autre et souvent en tient lieu, car il arrive que le corps soit comme une masse opaque qui obture la présence intérieure au lieu de la produire : en prétendant se suffire, cette présence charnelle accompagne une absence spirituelle dont on ne s'inquiète plus. Il faut qu'elle soit seulement un signe ou un moyen au service de l'autre, qui n'a pas besoin d'elle, mais qui avec elle ou sans elle peut être une présence illusoire, une présence imaginaire. La présence vraie ne dépend jamais que d'un acte de l'esprit : elle a toujours besoin d'être régénérée ; si cet acte n'est pas accompli, il ne reste rien. Mais cet acte est plus difficile à réaliser qu'on ne croit ; aucune rencontre, aucune assiduité n'est capable de le produire. Car la présence porte en elle une efficacité, une plénitude qui dépasse toutes les entreprises du vouloir : elle va toujours au-delà de notre attente. Elle est comme une grâce qui rapproche les êtres les uns des autres dans leur essence même et non plus seulement dans leurs modalités. Elle est toujours une présence consentie et mutuelle qui nous révèle en même temps à autrui et à nous-même. Elle a d'autant plus de puissance qu'elle cherche moins à s'imposer. Elle redoute toutes les manifestations qui viendraient en rompre si l'on peut dire la totalité. Elle abolit toute ombre d'orgueil ou de mépris. Elle nous délivre du désir, du regret et de l'ennui. Elle exclut même tout dessein qui interpose toujours entre deux êtres une arrière-pensée et les arrache à l'existence toute nue. Elle exerce sa vertu d'une manière toute pure sans que nous cherchions à en tirer aucun avantage. Elle nous rend l'équilibre quand nous l'avions perdu. Elle est une source d'ardeur et de lumière. Toute autre présence n'est qu'apparente : c'est un écran qui arrête notre regard et paralyse nos mouvements. Elle seule demeure toujours aisée et naturelle, abordable et familière, grave et silencieuse et pourtant prompte à la parole et au rire ; elle seule enveloppe dans le même horizon de douceur et de clarté ces humbles communications de la vie quotidienne où les hommes font l'expérience des mêmes joies et des mêmes misères.

VI. - LA PRÉSENCE PARFAITE

Dans la conduite que je tiens à l'égard d'autrui, il ne doit jamais s'agir d'un résultat que je cherche à obtenir, — ce serait asservir sa volonté —, ni d'une satisfaction momentanée qu'il peut me donner, — ce serait en faire une sorte de complice —, ni d'une pratique constante que je cherche à instaurer entre lui et moi, — ce serait le faire entrer avec moi dans un mécanisme trop bien réglé. Et même il s'agit toujours beaucoup moins de reconnaître une situation particulière dans laquelle nous sommes placés tous deux et à laquelle je dois répondre que de dépasser toutes les situations, d'atteindre à travers elles son essence éternelle, c'est-à-dire d'accomplir à son égard cet acte de présence pure, toujours identique et toujours nouveau, dont la découverte miraculeuse de notre commune existence dans le monde est seulement l'occasion qui le suscite.

Mais cette présence réelle qui est celle de sa seule essence en fait aussitôt pour moi une sorte d'ange ou un génie, c'est-à-dire déjà un esprit pur. Il ne l'est point tout à fait tant que je vois son corps qui n'est qu'une apparence dans laquelle sa volonté s'embarrasse comme la mienne et qui ne cesse de le trahir. Peut-être même faut-il reconnaître qu'il ne le deviendra vraiment que quand il sera mort. Or, je puis oublier les morts, je puis les regarder encore comme des vivants, dont la seule image continue à m'importuner. Mais il arrive aussi qu'ils aient pour moi une présence si désintéressée et pourtant si actuelle que je croie faire partie avec eux du même univers spirituel. Telle est l'impression que l'on éprouve toujours en présente de quelqu'un que l'on a aimé et avec qui la mort semble nous donner une communication plus parfaite et plus pure. Il est vrai que les préoccupations de la terre nous reprennent vite. Du moins cette expérience nous apprend-elle que les rapports les plus profonds que je puis avoir avec un autre homme ne sont pas seulement, comme on le croit, des rapports temporels que je voudrais éterniser, ce sont des rapports que j'ai déjà dans le temps avec son être éternel, mais que son apparence corporelle m'empêche souvent de saisir. N'est-ce pas dire que je me le représente alors comme s'il était déjà mort, ou plutôt que la mort n'aura sur lui aucun empire et qu'elle est seulement comme on le voudra une transparence ou une purification, un accomplissement ou une culmination de sa vie.

VII. - LA FOI, RELATION IMMÉDIATE ENTRE LES ESPRITS

Cependant cette expérience, la plus émouvante de toutes, qui me découvre l'existence d'un moi qui n'est pas mon propre moi mais le moi d'un autre, est un scandale pour la raison. Malgré les témoignages les plus répétés de la conscience commune, malgré certains moments privilégiés où la présence d'autrui s'impose à moi avec plus d'évidence encore que l'existence de moi-même, la raison conteste toujours une telle expérience et la déclare impossible : car comment aurais-je une autre expérience que celle d'une chose ? On n'observe autour de soi que des exemples d'une incompréhension qu'il est impossible de vaincre, d'un isolement qu'il est impossible de rompre. Je vois bien qu'il y a d'autres corps dans le monde qui ressemblent au mien, et je conjecture qu'il y a derrière eux un être secret capable de dire moi comme moi. Mais cet être qui est capable de dire moi n'est point un nouveau corps plus subtil que l'autre et qui pourrait se révéler à moi si mon regard était plus pénétrant. C'est une âme et non point un corps, un voyant et non point une chose vue, une conscience éveillée et agissante et non point un objet qu'une autre conscience pourrait trouver devant elle.

Comment donc pourrait-il y avoir un pouvoir de dire moi dans toute cette région du monde où je ne suis pas et que je définis précisément comme étant extérieure à moi, ou selon le mot des philosophes, comme étant un non-moi ? Ou bien alors dans le moi des autres, c'est moi encore qui dis moi. J'imagine à peine qu'il puisse en être ainsi de leur propre moi à l'égard du mien quand ils pensent qu'à mon tour je puis dire moi. Il faut donc que tous les êtres empruntent à une source commune le même pouvoir qu'ils ont de dire moi. Car plus on y pense, plus on voit qu'autrement ce pouvoir ne pourrait que les séparer au lieu de les unir, qu'il inviterait chacun d'eux à se suffire, qu'il creuserait entre eux un intervalle qu'aucun artifice ne réussirait à franchir. Ils n'auraient de contact qu'avec eux-mêmes ; et si pourtant ils communiquent, il faut que ce soit dans une intimité plus pure, interrompue et comme obscurcie par l'ombre de leurs corps.

Mais c'est là proprement un acte de foi car le propre de la foi est de se porter au-delà de tout ce qui se montre, à quoi la connaissance elle-même se réduit. Or ce n'est pas dire, comme on le fait souvent, que la foi est au-dessous de la connaissance, ni qu'on y a recours dès que la connaissance se dérobe ; car elle est d'une autre espèce : elle est une relation immédiate entre les esprits comme la connaissance est une relation immédiate entre l'esprit et les choses. C'est dire que, comme il y a en nous une puissance par laquelle nous entrons en communication avec les choses, il y a aussi une puissance par laquelle nous entrons en communication avec les êtres, c'est-à-dire par laquelle nous attendons et exigeons d'eux cette existence intérieure et cette réciprocité d'intention que les choses ne peuvent nous donner. Mais alors la connaissance des choses elles-mêmes n'est rien de plus qu'une médiation entre les esprits.

VIII. - LE MONDE DES CONSCIENCES

C'est du monde des consciences et non pas du monde des choses qu'il est vrai de dire qu'il forme un cercle dont le centre est partout et la circonférence nulle part. Et le monde des choses à cet égard n'est qu'une image de l'autre. Pourtant chaque conscience n'est capable de dire moi que pour elle, et la circonférence qu'elle trace autour d'elle à toujours un rayon très petit. Ainsi il semble que ce pouvoir qu'elle a de dire moi la confirme dans la solitude et la sépare de tous les êtres qui sont dans le monde et qui ont pourtant le même pouvoir. Mais dès qu'il se renonce lui-même, ce moi dilate jusqu'à l'infini le cercle où il commence par s'enfermer, et rencontre partout autour de lui d'autres êtres qui disent moi comme lui.

Ainsi, pour se rencontrer, il faut que deux êtres se fuient et s'éloignent de leur propre centre : mais s'ils ne dépassent pas leurs propres frontières, ils ne peuvent faire que se heurter. Faut-il donc qu'en dépassant les miennes, je cesse d'être ce que je suis, ou qu'en pénétrant les vôtres je devienne ce que vous êtes ? Et faut-il qu'il en soit de même pour vous, de telle sorte qu'il s'opère entre nous une sorte de métempsycose spirituelle ? Cela semble vrai sans doute si l'âme habite en effet là seulement où elle agit. Mais comment deux êtres pourraient-ils songer à échanger leur existence séparée ? En réalité le mouvement qui les porte l'un vers l'autre les porte tous les deux vers la source commune de leur existence propre ; ils ne se rencontrent qu'au-delà d'eux-mêmes : alors seulement au moment où chacun d'eux pense qu'il se perd, il trouve l'autre et se trouve.

Chapitre III
INTIMITÉ

I. - LE TIERS

Il n'y a de communication réelle qu'entre deux êtres : le troisième est toujours en tiers et, comme on le dit, il est toujours de trop ; il nous divertit, il empêche la communication de se produire. Quand on est trois, il semble que chacun pourrait être le troisième. On dira qu'il peut être le médiateur entre les deux autres. Mais tant que sa présence se remarque, il est au contraire l'écran : et il ne parvient jamais tout à fait à s'effacer. Car il n'y a de médiateur que Dieu qui est la communication elle-même, la présence absolue où prennent leur source à la fois la présence à soi et la présence mutuelle.

Il faut même éviter de parler à un autre de certains contacts avec des tiers d'où il se trouve lui-même exclu et qu'il ressentirait toujours comme l'indice d'une séparation.

Car il n'y a proprement d'intimité qu'avec un autre, mais qui doit s'achever en lui dans une parfaite réciprocité, dans un aller et un retour. Tel est le sens métaphysique de la dyade qui commence dans le dialogue avec soi et s'achève dans le dialogue avec vous. Et le tiers la brise toujours : il n'est plus qu'un témoin qui fait de l'union entre deux consciences un spectacle, c'est-à-dire une sorte de sacrilège. Car il n'y a d'intimité que de Dieu et non pas de la créature, sinon dans son intimité avec Dieu : mais la dyade en procède et l'accomplit. Aussi, même quand on parle à mille il faut se contenter d'être entendu d'un seul.

II. - L'ÉCLAIR QUI ILLUMINE

Il en est de nos rapports avec Dieu comme de nos rapports avec les autres hommes. Bien que Dieu demeure toujours présent, la communication que nous avons avec lui ne peut être ni sollicitée ni forcée, au moins dans la conscience que nous en avons. Et quand elle s'offre elle ne doit être ni repoussée ni ajournée, quelles que soient les préoccupations particulières qui nous retiennent et qui nous en détournent. Nous ne ressentons pas toujours les atteintes de la grâce et dans le train ordinaire de la vie nous ne pouvons que la deviner ou la pressentir. Son irruption nous surprend toujours sans nous prévenir et le lien qu'elle a avec l'événement, la situation et l'instant est si ténu que nous parvenons à peine à le saisir. C'est une rupture avec la terre, mais un éclair qui illumine toute la terre. Aucune de nos pensées, aucune de nos résolutions n'a assez de puissance pour la faire naître ; non point que la grâce les abolisse, mais elle les absorbe et les engloutit dans sa force et dans sa lumière.

III. - *INTIMITÉ AVEC SOI ET AVEC AUTRUI OU LE SECRET*

Il est admirable que le même mot d'intimité serve à la fois pour désigner le réduit le plus inaccessible de la conscience solitaire et la communication la plus étroite de deux consciences entre elles, ce qui confirme une fois de plus que les rapports que chacun a avec un autre sont les mêmes que les rapports qu'il a avec soi : ils en sont le prolongement et l'épreuve et en redoublent le secret au lieu de l'abolir. Ainsi c'est seulement avec mon ami le plus intime que je deviens tout à fait intime avec moi-même.

Là où il n'y a pas entre deux êtres cette communication subjective évidente et mystérieuse et telle que chacun d'eux est présent dans la conscience de l'autre comme une partie de lui-même, c'est comme s'il n'y avait rien.

Il faut rompre avec tout homme qui est tel qu'à aucun moment on ne pourrait vivre avec lui dans l'intimité la plus pure. Mais en est-on jamais sûr et y a-t-il davantage de sa faute ou de la nôtre ? La plupart des hommes se contentent le plus souvent de ces relations de surface qui n'intéressent en eux que l'amour-propre, hors d'eux que l'apparence et qu'il faudrait abolir ou transfigurer. Il n'y a de relations véritables que celles qui rendent les êtres en un certain sens consubstantiels les uns aux autres, c'est-à-dire qui créent entre eux le même dialogue que chacun d'eux ne cesse d'entretenir avec lui-même. Ainsi on peut penser tour à tour qu'il n'y a d'intimité qu'au moment où l'on rentre en soi et qu'au moment où l'on sort de soi. Ce qui est singulièrement instructif car il y a un point où ces deux moments coïncident.

Dans le charme du premier contact, il semble que deux êtres se livrent l'un à l'autre ; pendant un moment ils ne vivent que l'un de l'autre, ils ont appris à connaître l'un par l'autre leur propre secret. Car le signe de la communication réelle entre deux êtres, ce n'est pas que le secret de chacun d'eux soit découvert à l'autre, c'est que chacun découvre grâce à l'autre qu'il a proprement un secret. Mais le secret n'est rien s'il ne se renouvelle pas à chaque rencontre, s'il ne se montre pas inépuisable. On le voit bien dans l'amour dès qu'il a commencé de naître : c'est là son critère le plus sûr.

IV. - INTIMITÉ ET LIBERTÉ

La plupart des hommes n'ont entre eux que des rapports anonymes. Ainsi se constitue cette société apparente qui mériterait mieux le nom de troupeau. Mais que j'accomplisse cet acte libre par lequel je revendique la responsabilité de ce que je suis, alors je fais aussitôt la rencontre d'autres êtres libres comme moi qui, si différent que soit l'usage qu'ils font de leur liberté, habitent avec moi un monde qui nous est commun et qui est le monde spirituel ou le monde de l'intimité.

Entrer en rapport avec un autre être, c'est reconnaître en lui la présence d'une liberté, non point peut-être ce pouvoir de choix avec lequel on la confond souvent et qui nous livre à l'arbitraire pur, mais cette spontanéité parfaite qui fait que chacun, libre de toute contrainte venue du dehors, trouve en lui-même la racine intérieure de son être. Il faut que ce que je découvre en vous, ce soit cette initiative propre qui fait que tout recommence pour nous à chaque instant, que je suis pour vous, que vous êtes pour moi un être tout neuf devant qui s'ouvre comme devant moi un avenir inconnu qui dépend de nous seuls.

Être capable de se replacer dans cette situation native en face de tout être que l'on rencontre dans le monde, quelle que soit la déchéance où il est tombé, c'est apprendre à l'aimer. Car, que pouvons-nous aimer dans un autre être sinon cette carrière que nous allons parcourir ensemble ? Que pourrait-on haïr en lui en dehors de cette nature qui l'enferme ou le retient ou de cette volonté qui s'y complaît et la pervertit encore ? Mais qui ne voit que dès que l'intimité commence cette nature est oubliée et la volonté même n'a plus de regard pour elle ? Elle est bien au-delà. Nous sommes l'un et l'autre transplantés au premier moment de la création, l'oreille attentive à notre plus secret désir qui est le désir même que Dieu a sur nous.

Je n'ai de communication avec un autre être, je ne puis le respecter et l'aimer d'un amour spirituel que là où je rencontre en lui sa liberté et non point sa nature. Car si je ne vois en lui que sa nature je n'ai de contact avec lui que dans la mesure où je me réduis moi-même à ma propre nature. Et les liens qui nous unissent ne sont rien de plus que ceux du tempérament et de la chair. Alors l'hostilité est toujours prête à surgir.

Dans nos relations les plus profondes avec les autres hommes, avec cette essence cachée d'eux-mêmes que l'apparence qu'ils donnent ne cesse jamais de trahir, nous avons sans doute moins d'égard à ce qu'ils sont, — car ce qu'ils sont, déjà ils ne le sont plus, — qu'à ce qu'ils devraient être et qui ne cesse de les solliciter et de les faire agir.

V. — *ACCORD SPIRITUEL*

Le point le plus important, c'est que chacun découvre en soi cet intérêt suprême auquel il est prêt à tout subordonner et s'il le faut, à tout sacrifier. C'est là que réside sa véritable essence, c'est-à-dire son rapport avec l'absolu. Le scepticisme et le divertissement empêchent de le chercher et seulement d'y penser ou d'y croire. Ce sont pour nous des moyens d'y échapper, c'est-à-dire d'échapper à la vie que nous craignons d'assumer. C'est là pourtant l'unique lien qui unit l'homme à Dieu ; mais ce lien a toujours besoin d'être renoué. Il est toujours en péril d'être rompu.

On n'entre en rapport avec un autre qu'à condition de découvrir entre lui et nous cet intérêt commun, cet accord spirituel où chacun engage la partie la plus profonde et la meilleure de soi. Alors seulement commence cette communication réelle sans laquelle toute parole n'est qu'un souffle qui ébranle l'air. Alors seulement commence cette intimité dont le corps nous sépare et dont il faut à la fois qu'il devienne le signe et qu'il participe.

VI. - INTIMITÉ ET DISSENTIMENT

Dans les relations les plus intimes que nous pouvons avoir avec un autre être, il subsiste toujours une part imperceptible d'accommodement. Autrement, nous ne serions plus deux êtres distincts. Mais il y a entre lui et moi une sorte d'engagement silencieux auquel ni l'un ni l'autre ne veut être infidèle. Puis-je jamais faire participer autrui à cette sincérité cynique où je vis avec moi-même quand je suis seul ? Je ne réussis pas toujours à l'obtenir quand il est loin. A plus forte raison n'est-elle pas tout à fait la même quand il est là. Mais il arrive que dans les moments les plus heureux elle ait plus de transparence ou de pénétration.

Si parfaite que soit notre amitié, je ne puis faire pourtant qu'il ne me faille quelquefois apprendre à supporter la présence d'un ami : il faut bien que souvent je sache me supporter moi-même. C'est déjà beaucoup que le sentiment que tout à coup il manifeste me surprenne parfois sans m'irriter. Mais si entre les êtres les plus confiants, les plus aimants, l'intimité n'est jamais sans ombre, c'est en elle qu'ils découvrent la source commune de leur existence et pour ainsi dire l'origine identique de leur être séparé. C'est là qu'ils apprennent à se connaître, à se vouloir et à s'aimer comme séparés. Et de cette séparation il ne faut pas médire car c'est elle qui leur permet de la vaincre et par conséquent de se connaître, de se vouloir et de s'aimer. Ainsi, elle est à la fois justifiée et surmontée. La haine ne retient que la séparation sans remonter jusqu'à son principe, mais la mort abolit la séparation. Elle établit une sorte d'intimité spirituelle entre tous les êtres. Car les morts cessent de lutter pour l'existence comme les vivants et ne connaissent plus d'eux-mêmes que leur pure essence.

Il ne faut point que l'amitié m'aveugle au point de ne rien vouloir changer dans celui que j'aime, mais il faut que ce soit comme je désire me changer moi-même, en y mettant toute ma bonne volonté, toute ma douceur et tout mon zèle.

L'intimité abolit l'esprit de dissension. Je ne cherche plus à l'emporter. Je ne fais appel à vous que pour que nous pénétrions ensemble dans un monde intérieur qui nous est commun. Chacun de nous à son insu doit être pour l'autre une lumière qui l'éclaire. Mais ceux, qui ont l'esprit de dissension n'apportent avec eux que leurs propres ténèbres.

VII - INTIMITÉ ET PROFONDEUR

On pense justement que l'homme est méprisable quand il n'a d'égard qu'à des considérations d'amour-propre ou d'opinion. Mais à mesure qu'il descend en soi plus profondément, il y trouve un être spirituel et divin, bien qu'il existe aussi peut-être une certaine profondeur de la chair qui est proprement démoniaque, et que l'amour-propre et l'opinion parviennent souvent à cacher comme l'autre. Mais l'esprit a plus de profondeur que la chair : il l'enveloppe de lumière : il découvre ses limites et il nous en délivre.

Profondeur et intimité, c'est une même chose. Tant il est vrai que c'est au-dedans et non point au-dehors qu'il faut chercher l'essence du réel. Profondeur, intimité, signes de l'infinité que chaque être porte au fond de soi et qu'il n'épuise jamais. Mais cette infinité du réel, où réside-t-elle sinon au point où deux êtres découvrent non pas à proprement parler qu'ils ne font qu'un ou qu'ils sont deux et semblables l'un à l'autre, mais qu'ils sont différents l'un de l'autre, bien qu'ils n'existent que l'un par l'autre et ne cessent de se donner mutuellement l'existence l'un à l'autre.

À mesure que l'intimité devient plus parfaite et pure, ce qu'elle livre, ce sont, non pas comme on le croit, les différences irréductibles entre les êtres, mais cette source commune où chacun ne cesse de puiser et cet homme possible que chacun porte en soi et qu'il lui appartient non pas de découvrir, mais de réaliser. Tous les individus se rapprochent les uns des autres à mesure qu'ils se rapprochent de leur origine. C'est avec une sorte de tremblement qu'ils parviennent à dépasser en eux cet être déjà fait qu'ils montrent à tous les regards pour pénétrer jusqu'à cet être qui se fait et qui porte la responsabilité de lui-même, toujours prêt à se replacer en ce point émouvant et mystérieux où, avec son propre consentement, le virtuel en lui se réalise. Il faut aller jusque-là pour pénétrer dans l'intimité d'un autre être. Nulle amitié qui s'arrête avant d'y être parvenue ne mérite le nom d'amitié. Et il n'y a point d'homme en qui l'amitié ne soit possible et ne se manifeste au moins par éclairs.

Chapitre IV
TOUS LES HOMMES EN MOI

I. - SEMBLABLES ET DIFFÉRENTS

« C'est dans notre propre esprit », dit Vauvenargues, « et non dans les esprits extérieurs que nous apercevons la plupart des choses. Les plus grandes âmes n'ont besoin ni de lire ni de voyager pour découvrir les plus hautes vérités ». Et comment en serait-il autrement ? Quelque effort que nous fassions pour nous en distraire, nous restons toujours plus proche de nous-même que des objets, qui nous divertissent. Chacun emporte au fond de lui-même tous ses bagages. Et ce que je crois voir hors de moi n'est jamais qu'un reflet de ce que je trouve en moi.

Les plus grands parmi les philosophes, Platon, Leibniz, sont ceux-là mêmes qui nous ont montré que chacun porte l'univers au fond de sa seule conscience. C'est comme si toutes les connaissances du monde n'avaient pour objet que de m'apprendre à me connaître. C'est comme si toutes les actions qui se produisent dans le monde n'avaient pour objet que de me permettre de me faire.

A plus forte raison chaque homme porte-t-il en lui l'humanité tout entière, dont il est à chaque instant l'aboutissement et l'origine. Il le sent vivement dans toutes les périodes de crise, dans tous les moments de lucidité. Qu'il faille toute l'humanité pour faire un seul homme et qu'il soit lui-même responsable de toute l'humanité, il n'y a rien sans doute qui accuse plus vivement la solidarité de tous les hommes et l'impossibilité de la solitude.

Cependant il arrive que l'homme qui se retire dans la solitude se sente plus étroitement uni aux autres hommes que celui qui vit au milieu d'eux. Car celui-ci n'en rencontre qu'un petit nombre qui le sépare du reste de l'humanité : outre que la présence du corps et les mouvements de l'amour-propre les obligent sans cesse à se heurter.

Mais chaque homme porte en lui-même le temps tout entier. Non seulement il est tour à tour enfant, adulte et vieillard, mais il a à chaque instant l'expérience des trois moments du temps où toute chose est tour à tour naissante, croissante et périssante, et qui est l'expérience même de la création. Le vieillard est déjà dans l'enfant qui subsiste encore dans le vieillard, et l'adulte qui ne veut être ni l'un ni l'autre est l'un et l'autre à la fois : il est l'équilibre des deux. Et à l'égard de tout ce qui passe je suis tout à la fois enfant et vieillard.

Il y a plus. Tous les hommes qui ont vécu avant moi sont présents au fond de moi et ne cessent de me faire entendre leurs voix. Tous ceux qui viendront après moi sont penchés sur moi murmurant à mon oreille et me tirant derrière eux. Tous ceux qui vivent aujourd'hui avec moi, ceux mêmes qui sont le plus éloignés de moi sont présents à côté de moi et ne cessent de me parler quand je crois n'écouter que moi. C'est l'humanité tout entière qui agit et qui parle en moi. Dans le moindre de mes gestes, dans la moindre de mes pensées une foule invisible est là, mêlée à moi qui ne cesse de m'encourager ou de me retenir.

II - CHACUN À LA CHARGE DE TOUS

Il n'y a d'accord entre les hommes que dans un acte positif par lequel chacun prenant sur soi la responsabilité de ce qu'il est cherche partout autour de lui d'autres êtres qui portent la même responsabilité, mais dans l'accomplissement d'une œuvre qui leur est commune, où la destinée du monde se trouve engagée.

Un autre homme, c'est toujours moi-même dont j'ai la charge. Je ne parviens pas à la rejeter tout entière sur lui. Car en lui c'est de moi-même encore qu'il s'agit. Il faut donc que je prenne ma part de tout ce qu'il fait et de tout ce qui lui arrive et dont je ne puis pas abolir le rapport avec ce que je fais et ce qui m'arrive. Et ce n'est pas seulement de lui, mais de l'univers entier que je dois assumer tout le poids.

Il y a donc une responsabilité de tous les hommes à l'égard des faiblesses de chacun. Ce sont aussi les miennes et ce serait encore les miennes, même si je me croyais au-dessus d'elles. Il suffit pour cela qu'elles soient présentes dans un monde dont je ne puis nier qu'il est celui où je vis, c'est-à-dire qu'il est le mien. Car comment pourrais-je le récuser ? Comment pourrais-je m'en évader ? Il est triste de penser que l'on puisse critiquer les autres pour se relever à leurs dépens. La moindre critique que vous faites de quelqu'un met en question l'humanité elle-même qui est tout entière en vous comme en moi. Contrairement à ce que l'on pense, on n'est point assuré d'avancer quand on voit les autres rester en arrière, car on est aussi avec eux, et c'est soi-même que l'on voit à la fois en avant et en arrière de soi.

On n'agit sur les autres qu'en agissant sur soi. Et si l'on devait appliquer cette règle, on serait conduit non point à douter de l'éducation, mais à en changer radicalement le principe. Car on s'étonne que l'éducation produise souvent des effets opposés à ceux qu'elle cherche. C'est que, bien qu'elle s'en défende, elle cherche toujours à agir sur un autre être comme on agirait sur une chose. Mais éduquer un enfant, c'est s'éduquer soi-même. Réformer l'humanité, c'est se réformer d'abord. Les autres hommes résistent quand ils voient que nous cherchons à leur conseiller ou à leur imposer un bien auquel nous demeurons nous-même étranger. Au contraire, le produire en soi sans penser à autrui, c'est en donner le bénéfice à autrui sans l'avoir voulu ; c'est en produire en lui aussi le désir et déjà la possession. Cet effet invisible et involontaire ne peut pas être réduit à l'action de l'imitation et de l'exemple ; il est plus profond : il engage l'essence commune de l'humanité jusque dans sa racine.

S'il n'y a pas un seul homme dans le monde qui ne soit présent en nous de quelque manière, nous n'avons le droit d'en rabaisser ni d'en condamner aucun sans nous rabaisser et nous condamner nous-même.

La vie que portent en eux tous les souffrants, tous les misérables, tous les déprimés, tous les dégénérés est elle aussi une vie sacrée dont il ne faut pas dire seulement que la nôtre est solidaire, mais à laquelle la signification sera rendue par ce soin même que nous en prenons qui donne déjà une signification à la nôtre. Un simple regard que nous jetons sur elle suffit déjà à l'ennoblir, comme si la lumière dans laquelle il l'enveloppe commençait déjà à l'embellir et à la délivrer de ses souillures. Mais la nôtre aussi en est transfigurée.

Il y a plus : c'est leur misère qui unit entre eux tous les hommes. Dans le bonheur nul n'a besoin d'autrui. Chacun est capable de se suffire. Portez le fardeau les uns des autres, dit l'Évangile. C'est peut-être parce que ce fardeau d'un autre ne m'est point imposé et que c'est moi seul qui demande à m'en charger que je suis seul aussi à pouvoir l'en délivrer.

Mais ce qui nous rapproche le plus étroitement des autres hommes et qui fait que nous ne pouvons plus nous séparer d'eux, c'est quelque faute que nous avons commise à leur égard ou quelque reproche que nous avons à nous faire en ce qui les concerne. Et tous les êtres tiennent étroitement les uns aux autres par le mal même qu'ils se font, qui leur découvre leur unité au moment même où ils la déchirent.

Enfin, le misérable et le pécheur ont des droits sur tous les autres hommes, particulièrement sur les meilleurs et les plus heureux, ils leur demandent de leur apprendre la vertu et le bonheur.

III. - LA MÊME EAU POUR TOUS

C'est dans la même source de vie que nous puisons tous ce qui nous fait être. Ce que vous êtes, je pourrais l'être aussi par un insensible changement des circonstances, par une imperceptible inflexion de ma volonté. Je ne pourrais autrement ni vous comprendre, ni vous aimer, ni vous blâmer, ni vous secourir.

Je ne puis méconnaître pourtant ce qui me sépare de vous, ces circonstances où précisément je ne suis pas, ni cet acte de volonté que précisément je n'accomplis pas. Il y a donc entre vous et moi une barrière imperméable que je puis reculer toujours, mais que je ne puis jamais abolir. Elle protège le secret de chacun qui fait de lui une initiative pure, le premier commencement de lui-même, un être qui ne cesse de s'engendrer toujours à nouveau, un soi aussi mystérieux pour moi dans le passé qu'il porte derrière lui qu'il est mystérieux pour lui-même dans l'avenir qui s'ouvre devant lui. Cet intervalle qui le sépare de moi fonde son indépendance et par conséquent son existence même. Et je ne puis souffrir parfois d'être incapable de le franchir.

Mais ce n'est pas aimer autrui que de ne pas l'aimer dans cette indépendance même qui le sépare de moi. C'est là dira-t-on un signe de notre double limitation. Et sans elle, l'amour n'aurait rien à faire : il serait mort avant d'être né, il ne pourrait pas se consommer sans mourir. Aimer, c'est reconnaître la présence de deux infinis qui se limitent toujours et qui n'ont jamais fini de se pénétrer.

Tous les hommes boivent la même eau, mais ils ne la boivent pas tous aussi près de la source. Tous les hommes lisent dans le même livre mais qui leur enseigne ce qu'ils doivent être plutôt que ce qu'ils sont. Et ce n'est que par opposition qu'ils découvrent ce qui leur manque et par conséquent ce qu'ils ont.

On dit souvent que les hommes ne se comprennent pas les uns les autres, qu'il ne peut y avoir entre eux aucune espèce de communion. Mais alors se comprennent-ils eux-mêmes ? Peuvent-ils vraiment communier avec eux-mêmes ? On peut penser, comme on l'a vu souvent, que les deux problèmes ne diffèrent point. Qui résout l'un résout l'autre. Car il y a peu de différence entre les hommes sinon par la proportion entre les éléments communs de leur nature ou par le choix qu'ils en font et qui fait qu'ils s'attachent à l'un et négligent l'autre.

IV. - LES AUTRES NOUS RÉVÈLENT À NOUS-MÊME

Je ne reçois rien d'un autre esprit que le pouvoir de faire en moi des découvertes que je n'aurais point faites sans lui. Elles peuvent être bien différentes de ce qu'il a pu me découvrir de lui-même ou de ce que j'aurais découvert en moi si j'avais été seul. C'est qu'un monde nouveau jaillit de cette seule rencontre, où je modèle à la fois mon être propre et tous les êtres qui m'entourent. En apprenant à observer ce qu'ils sont j'apprends à reconnaître ce que je suis, c'est-à-dire à faire la distinction entre ce que je pourrais être et ce que je suis parvenu à être.

Car si les hommes éprouvent tous les états les plus différents, ils reconnaissent en eux les mêmes facultés de comprendre, de vouloir, de haïr et d'aimer. Ils communiquent entre eux par ce qu'ils pourraient être qui est plus profond encore que ce qu'ils sont. Et chacun s'instruit encore auprès des autres hommes, non point par simple curiosité de les connaître mais pour éprouver ses propres pensées et accueillir en lui cette part de vérité qu'ils détiennent, qui exprime la perspective originale qu'ils ont sur le monde et à laquelle nous ne participerions pas sans leur médiation.

Les hommes ne cessent de se regarder les uns les autres, mais ils ne trouvent hors d'eux-mêmes que des miroirs où chacun ne voit jamais que soi. Cependant il n'y a rien que je puisse penser, sentir ou faire et qui ne reçoive une autre lumière quand il se réfléchit dans une autre conscience. Je ne puis me juger moi-même que lorsque je me considère non pas tel que je suis ni même tel qu'un autre me voit, mais tel que je me jugerais si j'étais à la place d'un autre qui me verrait tel que je suis.

Et il arrive tantôt que dans le regard d'autrui, ou dans sa physionomie et dans son attitude à notre égard, nous percevions l'ombre de notre action en traits beaucoup plus accusés que dans la conscience que nous en avions, tantôt que dans sa conduite la nôtre se découvre que nous étions incapables de percevoir tant que nous agissions. Peut-être faut-il dire que nous ne nous supportons nous-même, que nous ne nous décidons à agir qu'à condition de ne pas nous voir. Nous n'avons le courage de poser notre regard que sur cette image de nous-même qu'un autre nous donne.

Il ne suffit pas de dire que les autres sont pour nous des témoins, qui nous montrent ce que nous sommes. Non seulement ils nous donnent le recul qui nous manquait pour nous connaître, mais dès que nous sommes devant eux, le sentiment que nous avions de notre existence propre éclate en une pluralité d'images différentes dont chacune nous découvre une partie de notre être réel, de notre être possible, de celui que nous avons été, ou que nous serons un jour, de celui que nous aurions pu être, et vers lequel nous nous sommes efforcés en désespérant d'y parvenir. Chacun de nous est fait de toutes ces relations variables entre les êtres différents qu'il porte au fond de lui-même et dont les êtres qui nous entourent nous montrent l'existence séparée. Encore sont-ils comme nous et ce qu'ils nous montrent n'est-il jamais qu'un aspect de ce qu'ils sont.

V. - *C'EST EN NOUS-MÊME QUE NOUS CONNAISSONS TOUS LES ÊTRES*

Chapitre IV

C'est une erreur très commune que de penser que pour connaître les autres hommes il suffit de les observer. Mais c'est en soi-même, qui est le seul être au monde qui nous soit toujours présent, que chacun de nous connaît tous les êtres. C'est un objet de méditation infinie que cette opposition entre ceux qui pensent qu'il n'y a de connaissance que de ce qui nous est étranger et qui nous demandent de nous étudier nous-même comme un étranger et ceux qui pensent qu'il n'y a de connaissance que de soi-même où ils découvrent l'essence et la signification de tout ce qui d'abord leur paraissait étranger.

Nul ne contestera pourtant que cette activité qui est en nous, qui est nous, il faut une rencontre pour l'ébranler et lui permettre de s'exercer. C'est alors seulement qu'elle nous arrache à l'existence séparée. Loin de nous dispenser de tout contact avec les autres hommes, elle nous apprend à l'obtenir. Nous les reconnaissons ; ce qu'ils sont nous le sommes déjà ; ce que nous faisons, nous ne pouvons le faire qu'avec eux. Toutes les idées que les autres peuvent penser, tous les sentiments qu'ils peuvent éprouver nous les trouvons déjà en nous à l'état naissant. Dire que chaque conscience contient tout, c'est dire qu'elle est un pouvoir de communiquer avec toutes les choses et avec tous les êtres.

Ainsi il n'y a rien qui ne jaillisse de nous-même, mais c'est toujours au contact d'un autre : ce qui explique sans doute ce mot si singulier de Malebranche, que nous avons tous besoin les uns des autres quoique nous ne recevions rien de personne.

On lit dans un autre esprit ce qu'on n'a pas su lire dans le sien. Le difficile est de s'en faire l'application. Car on vit ce que l'on est et l'on connaît ce que l'on n'est pas. Seuls les esprits les plus grands savent rejoindre les deux contraires : mais telle est l'ambition de toute conscience si humble qu'on la suppose.

Il faut alors s'approcher assez près d'une autre conscience pour être capable de l'entendre, comme si nous écoutions la nôtre propre. Dans les relations les plus profondes que les hommes peuvent avoir les uns à l'égard des autres, il arrive toujours un moment où chacun considère l'autre comme lui-même et lui-même comme l'autre.

On ne parle jamais aux autres hommes que pour leur demander cela même que nous demandons perpétuellement à nous-même. Et c'est une même chose de convertir les autres et de se convertir.

Le dédoublement est la condition et le moyen de ce dialogue intérieur qui est constitutif de la conscience. Mais ce dédoublement est plein d'enseignement. Car le moi ne devient pas alors un objet pour lui-même, comme le pensent les partisans de l'introspection. C'est un autre être qui surgit en lui, un être possible, un être qu'il pourra devenir un jour et qui est déjà présent en lui de quelque manière. Mais cet autre être, autrui est là devant moi qui le réalise, qui l'incarne, l'infléchit ou le contredit par une présence qui s'impose à moi et qu'il m'est impossible de récuser. Ainsi le dédoublement intérieur, c'est l'apprentissage de ma communication avec autrui. Il m'apprend à sortir de moi-même et à y faire pénétrer un autre que moi. Le dédoublement prépare cette sorte de création de moi-même par moi qui ne se réalise que par mes rapports avec un autre que moi.

VI. - AU-DELÀ DE L'ÊTRE RÉALISÉ

Les hommes s'accordent entre eux beaucoup moins par ce qu'ils possèdent et ce qu'ils sont que par ce qu'ils ne sont point encore, c'est-à-dire par cet être possible qu'ils portent en eux et dont ils pensent qu'ils ne peuvent le réaliser autrement que par leur mutuelle entreprise.

En moi, en autrui, je ne suis jamais en présence d'un être tout fait et que je me borne à percevoir et à décrire. Les hommes ne sont pas faits pour que je les connaisse pas plus que je ne suis fait pour me connaître. Nous sommes faits les uns et les autres pour nous aider à vivre, c'est-à-dire pour élargir, affiner, approfondir indéfiniment notre propre participation à l'existence. Il faut qu'il y ait identité entre nous faire nous-même ce que nous sommes et le découvrir. Nous ne cherchons à nous connaître et à connaître les autres que pour pénétrer comme eux, avec eux et par eux, dans un monde en puissance où chacun de nous ne cesse à la fois de se nourrir et de s'accroître.

La rencontre entre deux hommes se réduit à une double et muette interrogation. Elle n'est si émouvante que parce que au lieu de porter sur ce qu'ils sont, elle porte sur ce qu'ils peuvent être non point séparément, mais l'un avec l'autre et l'un par le moyen de l'autre : La fragilité, la mobilité de toute relation entre les hommes vient de ce qu'elle est une œuvre à réaliser toujours remise sur le métier et qui engage la destinée même de ces deux êtres qu'elle affronte l'un à l'autre. Et cette œuvre, il dépend de nous à chaque instant de l'interrompre ou de la poursuivre.

On le voit jusque dans le blâme où il y a toujours une ambiguïté et qui peut porter tantôt sur ce que je suis et qui me condamne à jamais, ou seulement sur ce que je fais et qui est toujours en question. Dans le premier cas, il sanctionne un état et produit une rupture ; dans le second, il devient l'occasion d'une réforme intérieure et d'une communication toujours plus profonde.

Il y a dans tous les hommes une infinité de possibles qui expliquent à la fois ce qui les sépare et les oppose mais aussi ce qui leur permet de se comprendre et de s'accorder. Chacun de nous ne les découvre, ne les exerce que par le moyen de l'autre. Ainsi, chacun révèle l'autre à lui-même : alors naît la sympathie entre deux êtres qui peuvent être tout à fait différents mais qui s'aperçoivent à chaque instant qu'ils pourraient aussi être semblables : dès ce moment, la communication devient entre eux inépuisable et toujours nouvelle.

VII - *PRIMAUTÉ DES RAPPORTS AVEC SOI*

On comprend donc que chaque homme veuille toujours s'égaler au tout. C'est là ce qui fait sa dignité, qui rend si difficiles et qui devrait rendre si faciles ses relations avec les autres hommes. En apparence les rapports que nous avons avec nous-même et avec les autres hommes sont à la fois semblables et contraires. Mais cette contrariété même cache souvent une similitude. Car il n'y a rien en eux qui ne représente quelque chose que nous trouvons aussi en nous. L'hostilité que nous leur marquons est souvent une répulsion à l'égard de ce que nous sommes. Ce que nous ne supportons pas en eux, c'est une certaine image qu'ils nous donnent de nous. Le corps peut se complaire dans le portrait que le miroir lui renvoie. Il n'en est pas ainsi de l'âme : dans tout portrait qu'on lui montre d'elle-même, elle se reconnaît et s'irrite.

Non seulement il faut dire que nos relations avec les autres hommes ne sont rien de plus que l'image agrandie et visible de nos relations avec nous-même, mais encore que celui qui communique avec soi communique avec tous. Celui qui est fermé à soi est fermé à tous. Ne pas oser pénétrer en soi-même, c'est refuser d'y laisser pénétrer personne. Les deux actions sont réciproques. Chacune d'elles est par rapport à l'autre à la fois une cause et un effet.

Mais il n'y a rien de plus beau que l'identité des sentiments que l'on éprouve à l'égard de soi et à l'égard d'autrui. Nous savons bien que chacun est toujours avec les autres ce qu'il est avec soi. C'est la même chose : celui qui est irrité contre tout le monde l'est d'abord contre soi. Ce sont les mêmes qui persécutent autrui et qui se persécutent eux-mêmes. Il est faux que l'on puisse se complaire avec soi et ne pas tolérer autrui, ou être incommode à l'égard de soi et plein de prévenance pour autrui. Comment celui qui fait son propre malheur pourrait-il faire le bonheur d'autrui ? L'essentiel est donc de satisfaire aux devoirs envers soi. Tout le reste suit.

Les critiques, les reproches, l'indignation que je tourne contre les autres cachent souvent une protestation dirigée contre ce que je trouve aussi en moi-même et qui en explosant atteint tout notre entourage parfois injustement et toujours sans que nous l'ayons visé.

Parler des autres, même dans les reproches qu'on leur fait, n'est qu'un artifice pour parler de soi-même. Mais les défauts dont on les accuse, ce sont les nôtres. En laissant supposer que nous en sommes privés, il arrive que nous nous défendons contre leurs morsures. Je ne puis prêter à autrui les plus bas motifs sans en rencontrer déjà en moi le germe : et selon les cas je songe à m'en disculper ou à condamner en moi tout le genre humain.

Inversement, si nous trouvons autour de nous tantôt des êtres qui nous fuient, tantôt des êtres qui nous supportent et tantôt des êtres qui nous recherchent, c'est parce qu'ils éprouvent d'abord tous ces mouvements à l'égard de ce qui, en eux, nous ressemble. Tantôt ils s'en détournent, tantôt ils le tolèrent et tantôt s'y complaisent. Tant il est vrai que le comportement à l'égard des autres ne manifeste rien de plus que le comportement à l'égard de soi.

Toutes les relations que je puis avoir avec un autre doivent se produire sur un terrain où l'on observe entre nous une séparation réelle, mais qui doit devenir l'instrument d'un accord ou d'une identité possible. Ce qu'il est, c'est aussi ce que je pourrais être, ce que je suis déjà jusqu'à un certain point. On peut dire : ce que je suis, c'est précisément ce qui n'est pas lui, et ce que je repousse en lui, c'est ce que je ne veux être à aucun prix. Mais on oublie alors que je ne le repousse en lui que parce que je le trouve aussi en moi, où il risque d'envahir tout ce que je suis. Ainsi le débat que je puis avoir avec autrui prolonge seulement le débat que j'ai toujours avec moi-même.

Car ce que nous aimons et ce que nous haïssons dans les autres hommes ne diffère point de ce que nous aimons et de ce que nous haïssons en nous-même. Et il n'y a pas d'être dans le monde dont la rencontre ne m'éclaire, moins sur ce que je suis que sur ce que j'aspire à être. Tout rapport que j'aurai avec un autre être est pour moi une occasion à la fois de découvrir et de rendre vivante la meilleure partie de moi-même. Et les plus exigeants sont les plus aimants, qui, par la haute idée qu'ils ont de moi, m'obligent sans le vouloir, à m'en montrer digne.

VIII. - RÉCIPROCITÉ

Il n'y a qu'avec les autres hommes que je puis entretenir cette relation de réciprocité qui n'a lieu ni avec les choses sur lesquelles je m'appuie et que je modifie à mon gré, ni avec Dieu qui me soutient et qui m'éclaire, dont je puis tout recevoir, mais à qui je ne puis rien donner.

C'est, semble-t-il, une loi générale qui gouverne les rapports entre les hommes que le traitement dont chacun est l'objet, c'est lui-même qui l'a voulu. Car les autres hommes nous rendent exactement ce que nous leur donnons. Et il y a toujours de notre faute, là où nous sommes disposés à leur reprocher la leur.

Qui se plaint d'être incompris s'étonnerait qu'on vînt lui dire que c'est parce qu'il refuse de comprendre les autres. Mais il en va toujours ainsi. Et il faut dire la même chose de celui qui se plaindrait de n'être point estimé, ou admiré ou aimé ; l'amour engendre l'amour, la haine, la haine, et l'indifférence, l'indifférence.

Ainsi, tous les contacts que nous avons avec les autres hommes sont, pour les sensibilités les plus délicates, comme autant de blessures.

Mais ce sont d'abord des blessures d'amour-propre. Nous trouvons que les autres témoignent toujours à notre égard de quelque indifférence ; ils ne marquent jamais pour nous cet intérêt absolu que nous éprouvons pour nous-même ; nous voyons bientôt qu'ils poursuivent une existence séparée à laquelle nous demeurons étranger et qu'ils semblent méconnaître et mépriser toutes ces choses intimes et secrètes qui sont la substance invisible de nous-même.

Cependant c'est la même attitude que nous avons avec eux. Sommes-nous assurés de prendre intérêt à ce qu'ils sont quand nous leur reprochons de ne pas prendre intérêt à ce que nous sommes ? Il y a en eux aussi des choses intimes et secrètes que nous avions jusque-là méconnues et méprisées qui sont les mêmes que celles que nous trouvons en nous et auxquelles ils participent avec nous : si nous savons les apercevoir elles vont révéler entre eux et nous une parenté mystérieuse sans que nous l'ayons soupçonnée, elles vont créer entre eux et nous une communication mystérieuse sans que nous l'ayons cherchée.

IX. - TOUT EN CHACUN

Ce qui embarrasse le jugement que l'on porte sur les autres hommes, c'est que l'on en peut dire les choses les plus différentes. Car on a vu que chaque homme porte en lui la totalité de la nature humaine. Et de quel homme pourrait-on dire qu'il a achevé de réaliser tout ce dont il est capable ?

Chacun de nous est pétri de bien et de mal. Cela devrait nous conduire à être indulgent pour autrui et sévère pour nous-même. Car il s'agit pour nous de nous faire, et de nous accommoder seulement avec autrui. Dans le même sens, il ne faut jamais être offensé par la vérité que l'on nous dit et ne jamais offenser autrui par la vérité que nous lui disons.

Il n'y a de véritable communion entre les hommes que là où chacun est attentif aux qualités des autres et à ses propres défauts. Mais on prend presque toujours l'attitude inverse. C'est elle qui produit la haine. Il ne nous appartient pas de condamner les autres : ceux que nous sommes prêts à condamner portent en eux quelque infirmité, ils ont besoin surtout que nous les aidions. La sagesse commande d'éviter tous les rapports qui aigrissent et n'aident point. Quel que soit l'état d'âme où les autres se trouvent et l'état d'âme où nous nous trouvons il faut toujours être prêt à les comprendre et à les accueillir. L'important est de ne rien faire qui les décourage ou les diminue.

Il y a plus : on oublie toujours que l'homme qui est là devant nous est indivisible. On accepte, on estime certaines parties de lui-même. On rejette les autres, on les méprise, on voudrait les abolir. Mais cela n'est pas possible.

X. - IDENTITÉ DES RAPPORTS AVEC SOI ET DES RAPPORTS AVEC AUTRUI

Il y a dans chaque être une multiplicité infinie de puissances qui correspondent à la multiplicité même des consciences qui trouvent place dans le monde. Et en poussant les choses plus loin, on peut dire qu'il y a identité entre la société des différentes puissances à l'intérieur de chaque conscience et la société que forment entre elles les consciences les plus différentes.

Ainsi le secret de l'univers réside dans la communication indivisible de chaque conscience avec elle-même et de toutes les consciences entre elles. On accordera facilement que nos relations avec les autres hommes sont tout à fait semblables aux relations que nous avons avec nos propres pensées, et qu'on doit se détourner de certains hommes comme on se détourne de certaines pensées. En nous, hors de nous, il y a des rencontres qui nous inspirent une sorte d'horreur : elles incarnent notre mauvaise conscience. Et il faut se comporter avec les méchants comme avec nos pensées mauvaises : les apprivoiser ou les fuir. Mais comme il y a des pensées qui nous abaissent, il y en a d'autres qui nous exaltent, ce qui fait qu'on a pu comparer les idées à de bons et de mauvais anges qui habitent l'âme des hommes et les portent au-dessous ou au-dessus d'eux-mêmes et les unissent ou les séparent.

Et même notre sympathie et notre hostilité pour autrui sont une image des combats qui se livrent en nous entre des puissances opposées. Car à l'égard de ces puissances elles-mêmes nous nous montrons tantôt complaisants et tantôt inquiets. Elles nous inspirent tantôt de la confiance et tantôt de la crainte. Et nous prenons parti entre elles comme nous prenons parti autour de nous dans le choix de nos amis. Ainsi, lorsque les hommes se combattent les uns les autres, il nous semble reconnaître sous une forme en quelque sorte extériorisée les combats que se livrent entre elles les différentes parties de notre nature.

Chapitre V
ÊTRE ET PARAÎTRE : LA SOCIÉTÉ

I. - DEUX SOCIÉTÉS, VISIBLE ET INVISIBLE

Quand on considère la vie de société, il nous semble tantôt qu'elle impose à l'individu une contrainte qui resserre tous ses mouvements et tantôt qu'elle lui donne une expansion qui le délivre de ses limites. En réalité, elle soumet les corps à une loi restrictive commune qui leur interdit tous les empiétements, mais elle ouvre aux esprits un domaine plus vaste qui leur est commun, où ils ne cessent de s'enrichir. En ce sens, il faut dire qu'elle est toujours indivisiblement une discipline et une inspiration.

C'est qu'il y a deux sortes de société : une société visible et une société invisible ; la première fournit de l'autre une sorte d'image renversée. Il n'y a rien en elle qui soit capable de nous contenter et qui ne soit un chemin mais aussi un obstacle à l'égard de cette société invisible dont elle prétend tenir la place et remplir le rôle.

Dans la société visible, toutes les relations sont extérieures et superficielles : elles n'intéressent que ce qui se montre. Elles n'atteignent dans l'individu que ce qui fait qu'il est un individu et non point tel individu. Et dans l'homme, elle ne regarde que la fonction à exercer, le devoir à remplir. Mais il n'y a de société réelle que là où tel individu commence à rencontrer tel autre individu, unique comme lui dans le monde, là où pénétrant tous deux leur mutuel secret, ils découvrent avec émerveillement qu'il leur est commun. Alors, il est vrai, il semble que toutes les relations que l'on nomme proprement sociales s'interrompent comme si elles devenaient inutiles. Elles ne forment plus qu'une ombre dérisoire des autres. Les individus oublient qu'ils font partie d'une société matérielle alors que pour tant d'hommes il n'y en a pas d'autre. On peut dire d'eux qu'ils sont asociaux. Mais ils forment le sel de toute société réelle. Car il n'y a de relations réelles entre les hommes que celles qui se fondent soit sur la spontanéité de l'instinct naturel, soit sur la simplicité d'une grâce spirituelle. Mais les unes engendrent la guerre si elles ne s'assujettissent pas à l'artifice de l'opinion, de la coutume et de la loi ; au lieu que les autres engendrent une communion qui les délivre de leurs limites.

Il n'y a donc aussi que deux manières d'établir une unité parmi les hommes ; c'est, du dehors, par la discipline ou, du dedans, par l'amour. Dans le premier cas, la volonté est soumise et dans le second elle est conquise. Dans le premier cas, elle est toujours prête à se séparer, soumise mais rebelle et dans le second, elle est toujours prête à consentir, conquise, mais voulant l'être.

II - SOCIABILITÉ, RAPPORT SUPERFICIEL ET PROFOND

La sociabilité est une forme de divertissement qui remédie, selon Pascal, à cet ennui qui saisit tous les hommes quand ils sont seuls. Mais il arrive aussi que ce soit la société des autres hommes qui devienne pour moi une source d'ennui : et c'est toujours ensemble qu'ils s'ennuient le plus. Il semble que l'on puisse expliquer autrement les avantages de la sociabilité. Elle donne aux hommes une sorte de sécurité, elle les détourne de la solitude dont ils ont peur parce qu'elle les livre à l'inconnu du dehors et du dedans contre lesquels ils cherchent toujours un appui. Cet appui est presque physique et il suffit qu'il leur apporte l'oubli de leurs soucis. En réalité, le solitaire assume sa vie tout entière, l'homme social en remet toujours en partie le soin à d'autres.

Il y a beaucoup de vanité dans le mouvement qui nous porte vers autrui par l'incapacité où nous sommes de demeurer avec nous-même. Et c'est pour cela qu'on n'a souvent avec autrui que des rapports de surface : le divertissement ne va point au-delà. Il arrive que cette activité de l'esprit provoquée par la présence des autres ressemble à un feu que le vent fait flamber et qui tombe presque aussitôt en ne laissant après lui que des cendres.

Il faut éviter toutes les communications superficielles et qui n'intéressent que l'apparence. Elles nous trompent sur les véritables, elles les empêchent et souvent elles nous suffisent et en tiennent lieu. C'est là une chute à laquelle il arrive que succombent les meilleurs. Mais c'est là dans la vie la vraie capitulation. Et si le mot de bourgeoisie a un mauvais sens, c'est celui-là. Mais le propre de l'aristocratie véritable, c'est de ne point se contenter de la surface ni de l'apparence, c'est de savoir que le degré de profondeur de nos relations avec autrui traduit avec fidélité le degré de profondeur de nos relations avec nous-même.

III. - VIE APPARENTE ET VIE PROFONDE

Il n'y a presque que deux catégories d'hommes ; ceux chez qui l'être l'emporte sur le paraître et ceux chez qui le paraître l'emporte sur l'être. Il y en a très peu et peut-être n'y en a-t-il point chez lesquels l'équilibre se trouve réalisé. Aussi arrive-t-il que l'homme qui paraît très grand quand il est en face des autres hommes devient très petit quand il est en face de lui-même.

Les uns cherchent le paraître, ils se préoccupent seulement des effets visibles et de l'opinion d'autrui. Les autres ne se préoccupent que du dedans, sans prendre en considération rien qui existe au-dehors et l'on peut penser qu'ils préfèrent alors l'être au paraître. Mais il faudrait rejoindre aussi l'être au paraître et trouver dans le paraître une ouverture vers un être qu'il dissimule et qu'il manifeste.

D'aucuns pensent que pour enrichir notre vie profonde, il nous faut restreindre notre vie apparente. Et d'autres pensent au contraire que c'est notre vie au milieu des hommes qui alimente notre vie secrète. Mais le propre de la sagesse, c'est d'atteindre ce point où nos deux vies se pénètrent si étroitement et agissent l'une sur l'autre d'une manière si continue et si insensible qu'on ne les distingue plus.

Mais l'opposition est entre ceux qui pensent qu'il n'y a rien d'intérieur à l'homme qui vaille autrement que pour être exprimé et manifesté et ceux qui pensent qu'il n'y a rien d'extérieur à lui qui vaille autrement que pour être intériorisé et spiritualisé.

La valeur d'un homme réside toujours dans la différence qu'il sait faire entre l'être et l'apparaître, entre l'authentique où il vit et l'opinion qui le montre. Les maximes célèbres : Caute, Bene vivere, bene latere ne sont pas inspirées par une lâche prudence, mais par une juste appréciation de la différence entre l'être et le paraître, qui nous oblige à préserver notre être secret et à empêcher les apparences de le trahir.

IV. — L'ÉLÉGANCE

Il ne faut pas mépriser l'élégance, dont tout le monde sent bien qu'elle est intérieure et extérieure à la fois. L'une cherche seulement à exprimer l'autre, mais l'imite aussi et la trahit. Sans doute, dira-t-on, ce n'est qu'une apparence et sous sa forme la plus parfaite elle ne laisse voir aucune recherche. Mais cette recherche elle-même dépend de nous, il ne s'agit point de l'exclure. Elle peut être sans doute un effet de l'amour-propre et du désir de montrer une façade qui plaise. Mais cela même ne doit pas être méprisé. Il n'y a point d'homme qui n'ait à se défendre contre la nature et le laisser-aller. Les autres n'ont de rapport avec moi que par cette apparence que je leur montre. Elle témoigne à la fois du respect d'autrui et de soi. Et dans le désir de plaire il y a un amour du prochain autant que de nous-même. Et il ne faut pas dire qu'il suffit de reproduire fidèlement l'image de ce que je suis. Ce que je suis c'est aussi ce que je veux être. Et en agissant sur le dehors j'agis aussi sur le dedans. Il y a là un cercle qui toujours recommence. Et notre mise elle-même témoigne comme notre conduite du dialogue entre la nature et le vouloir qui traduit notre vie intérieure et l'oblige à se réaliser, c'est-à-dire à être. Nous passons notre vie à réparer la misère de notre état. Il arrive que les hommes ne connaissent de nous rien de plus que l'apparence : mais dans cette apparence ils ne cherchent pas seulement le témoignage de ce que nous sommes, mais de notre disposition à leur égard. Ainsi l'élégance, comme la politesse peut témoigner de trop d'artifice, d'une volonté de plaire qui dépasse les raisons de plaire, et d'un intérêt pour nous-même qui dépasse notre intérêt pour autrui. Mais il arrive que ce soit l'inverse, qu'il y ait dans quelque être une distinction et une délicatesse si naturelles et si profondes qu'elles surpassent tous les efforts de la volonté et les font paraître tout à la fois impuissants et inutiles.

V. - *LA MODESTIE*

La modestie est la vertu qui exige qu'en chacun de nous l'être surpasse toujours l'apparaître.

La vanité est une compensation de l'infirmité. Elle exige dans l'ordre du paraître ce qui nous manque dans l'ordre de l'être. Aussi donne-t-elle tout à l'apparence et à l'opinion, joignant si bien ces deux caractères qu'elle met bien au-dessus de l'opinion que nous avons de nous-même l'opinion que les autres en ont.

On voit bien l'opposition de l'être et du paraître et l'imitation de l'être par le paraître lorsqu'on réfléchit aux deux sens du mot suffisance. Car la suffisance, lorsqu'elle est bien fondée est la suprême vertu, et quand elle ne l'est pas le travers le plus misérable et le plus ridicule.

Les hommes savent si bien que leur être est un être caché et non pas un être qui se montre et leur amour-propre est si subtil qu'ils s'entendent souvent à se faire admirer de nous par ce qu'ils nous cachent plus encore que par ce qu'ils nous montrent et peut-être par ce qu'ils nous cachent derrière ce qu'ils nous montrent. Si ce qu'ils nous cachent nous était montré, nous cesserions de l'admirer. Car nous savons bien que toute grandeur est secrète, aussi est-ce par ce qu'ils nous montrent que nous les rabaissons toujours. Mais pour faire admirer ce qu'on nous cache, il faut bien qu'on nous le montre, et l'on montre en même temps qu'on nous le cache ce qui deux fois manque le but.

Il faut toujours interrompre le mouvement immédiat qui porte à vouloir paraître plus que l'on est. Ce qui est le signe même de la vulgarité. La véritable distinction est de paraître juste ce que l'on est ou de ne rien vouloir paraître, comme si le paraître allait de soi et n'était pas notre affaire.

Celui qui se préoccupe de l'apparence est toujours malheureux et impuissant. Car elle est incapable de le contenter. Le réel est au-dessous qui l'opprime, par la négligence où il le tient. Celui qui se préoccupe seulement du réel et se désintéresse de l'apparence ne quitte pas le sol, qui ne cesse de le soutenir quand l'autre poursuit des nuées.

Il y a bien peu d'hommes qui dans ce qu'ils font s'intéressent à rien de plus qu'à l'apparence de ce qu'ils font. Comment n'y seraient-ils pas inclinés par cette double raison que le réel c'est ce que l'on voit et ce que l'on touche et qu'il n'y a rien qui compte dans le monde que ce que les autres approuvent ou applaudissent. Mais la signification des choses et leur valeur qui est leur être même est ailleurs : à savoir dans une essence invisible et secrète que, par l'intermédiaire de l'apparence, l'esprit seul est capable d'atteindre, c'est-à-dire de produire.

VI. - *PUISSANCE DE LA CONVERSATION*

On ne mesure jamais toute la puissance de la conversation. C'est en elle que les êtres se montrent et se dissimulent, que leur nature et leur volonté s'associent et s'opposent, qu'ils témoignent malgré eux de leur indifférence, de leur timidité, de l'espoir d'une réciprocité toujours déçue, d'un désir de donner ou de recevoir qui craint toujours de s'exprimer, d'une envie ou d'une haine qui enveloppe ses coups pour s'assurer de l'impunité. Conversation, communion qui se cherche ou guerre qui se masque.

On pense parfois qu'il n'y a de conversation réelle entre les hommes que celle qui possède un caractère d'intimité et ressemble à une confidence. Pourtant, si je ne vous parle que de moi, de ce qu'il y a en moi de proprement individuel, des sentiments que j'éprouve, des circonstances où je me trouve placé et des événements qui m'arrivent, je me sépare de vous au lieu de m'unir à vous, je vous propose d'entrer dans une partie de moi-même qui doit demeurer séparée, qui est strictement unique et incommunicable il y a une sorte d'indécence et de bassesse à le faire. Je ne puis vous parler que de ce qui est commun entre vous et moi ou qui même est supérieur à l'humain et apparaît comme un foyer divin de possibilités où nous puisons, vous et moi, tout ce qui nous fait être, tout ce qui nous fait agir. Alors vous vous reconnaissez vous-même dans ce que je vous dis. Vous y reconnaissez vos sentiments, votre situation, les conditions mêmes de votre propre vie. Nous sommes unis l'un à l'autre au-dessus de nous-mêmes dans une discrétion suprême. Pour celui qui nous écoute nous ne disons rien que de général et d'abstrait et qui soit infiniment éloigné de l'application. Mais il ne faut pas s'y tromper. Chacun sent que c'est de lui-même qu'il s'agit.

À cette loi suprême l'amour même ne saurait échapper, même l'amour des sens. Il n'y a que l'extrémité de la pudeur qui puisse atteindre l'extrémité de l'intimité. Le propre de l'impudeur, c'est de n'intéresser que le corps, c'est-à-dire l'apparence qui n'est plus que l'apparence de rien, car je ne puis par le dehors faire l'effraction du dedans. Le vêtement qui me couvre ne cache mon corps que pour que vous puissiez parler à mon âme. Mais dans l'âme elle-même, je ne puis avoir de communication avec vous que si je dépasse en vous cet être tout fait et déjà individualisé qui est une sorte de bloc isolé et imperméable avec lequel vous refusez malgré moi de vous confondre et si j'éveille en moi et en vous l'être qui est toujours en train de se faire ou de se refaire, qui se met toujours en question, qui est à la lisière du virtuel et du réel et qui découvre toujours en lui cette possibilité infinie où plongent tous les êtres libres, qu'ils ne cessent de se révéler l'un à l'autre et où chacun d'eux ne cesse de choisir l'être même qu'il va devenir.

VII. - *SINCÉRITÉ ET SOCIABILITÉ*

On pense souvent que là où deux consciences sont toutes les deux sincères, elles pénètrent si bien dans leur mutuelle intimité qu'il n'y a plus rien qu'elles se dissimulent l'une à l'autre.

La sincérité est-elle donc de me montrer à tous tel que je me vois quand je suis seul ? Est-elle de faire apparaître au-dehors tous les mouvements qui surgissent dans ma conscience et qui souvent me surprennent et me troublent ? C'est en cela peut-être que réside ce qu'on appelle le cynisme. Seulement on ne peut méconnaître que toutes ces impulsions intérieures sont précisément soumises à un double contrôle en moi avant que je les accepte et les fasse miennes, et hors de moi avant que j'accepte de leur donner place dans le monde et d'en assumer les effets. Ainsi c'est également une atteinte à la sincérité tantôt par défaut et tantôt par excès de les laisser agir dans l'ombre en refusant de se les avouer à soi-même et de les montrer à tous les regards avant qu'elles soient devenues tout à fait nôtres.

Il y a une mesure à tenir entre ce que l'on garde et ce que l'on montre qui varie selon les circonstances et selon les individus. Elle trace une ligne sinueuse entre l'être et le paraître qui sert à définir les différences entre les caractères et le degré de possibilité dans la communication entre deux êtres, de telle sorte qu'on ne saurait ni rester en deçà sans accuser une séparation, ni aller au-delà sans produire une blessure.

On voit naturellement dans un autre homme ce qu'il nous montre, c'est-à-dire ce qui de lui a pris forme et présente un caractère individuel et achevé. Mais ce que nous voyons de nous, c'est un être secret, qui n'a point de forme, qui est encore une possibilité pure et que ce que nous montrons exprime, mais trahit toujours. De là le reproche que l'on est toujours en droit de faire à autrui et l'hommage que l'on est toujours tenté de se rendre à soi-même.

Les rapports que nous avons avec les autres hommes dissocient nécessairement l'être du paraître. Car l'être est en nous comme en eux, mais l'apparaître est dans ce que nous leur montrons et dans ce qu'ils nous montrent. Il est beau de vouloir que l'être et le paraître ne fassent qu'un. Mais ce n'est pas possible. C'est ne point tenir compte de la différence métaphysique dans les rapports que chacun peut avoir avec soi ou avec autrui. Car c'est se tromper également de vouloir s'apparaître à soi-même ou de demander aux autres de montrer leur être. De là vient la complexité et la subtilité infinie des relations qui unissent les hommes entre eux, l'impossibilité de confondre la sincérité avec soi et la sincérité avec autrui, la difficulté de pratiquer ces vertus si délicates qu'on appelle la discrétion et la politesse. Rousseau était une nature à la fois trop sensible et trop fruste pour y réussir. Il pensait qu'il fallait être insociable pour être sincère.

Nous désirons être aimés, estimés, admirés et nous souffrons de ne pas l'être. Là est peut-être l'origine de tous nos maux. Ce sont donc des maux d'opinion. Mais l'essence de la sagesse, c'est de ne vouloir être rien de plus que ce que nous sommes, ce qui est plus difficile qu'on ne croit. Car il s'agit de découvrir toutes les possibilités qui sont en nous et de les mettre en œuvre. Quant à l'opinion que les autres ont de nous il faut avoir assez de force pour traverser le monde sans avoir besoin de s'en soucier et même accepter d'être méconnu, haï ou méprisé, si c'est là l'effet de notre sincérité et la suite naturelle de ce que nous sommes.

La vie de société aboutit à ce paradoxe contre lequel notre conscience ne cesse de protester : c'est que c'est ce que nous paraissons qui constitue véritablement ce que nous sommes. Tout le reste n'est que virtualité, c'est-à-dire illusion.

VIII. - JOUER LA COMÉDIE

Jouer la comédie, c'est se transformer soi-même en apparence pure. C'est répudier l'idée d'une vie sérieuse et authentique dans laquelle notre destin éternel se trouve engagé. Le XVIIIe siècle s'y est complu. Tout était pour lui badinage, un badinage qui n'excluait pas la sensiblerie, cette sorte de recherche et presque toujours de comédie du sentiment bien distinct de l'humour qui est au contraire une sorte de pudeur du sentiment qui n'ose l'avouer.

La société que les hommes forment entre eux est fondée sur le paraître et non pas sur l'être. Comment en serait-il autrement, puisque c'est le paraître qui les révèle les uns aux autres ?

Et cela doit nous permettre de comprendre ce qu'on appelle le monde, qui est aussi la vie de société. C'est là seulement qu'il est possible de briller, ce qui est pour beaucoup d'hommes l'objet suprême du désir. Et l'on ne brille que par le jeu des apparences là précisément où l'on s'entend à les détacher de la réalité qu'elles traduisent. De là le rôle de l'anecdote ou du trait d'esprit qui n'ont de piquant qu'en opposant à ce qui se montre le peu qui lui correspond. Ce n'est pas toujours hélas ! pour bafouer ce qui se montre, mais pour témoigner qu'il n'y a rien de plus. Ainsi l'homme éprouve un plaisir amer et libérateur à rire de sa propre misère. Telle est l'essence du monde et de la vie de société, qui s'écroulent quand il en est autrement, ce n'est qu'un peu de mousse qui se dissipe. Mais dans la solitude, si nous savons la porter au milieu des hommes, l'être se retrouve derrière le paraître, et avec lui le silence, la simplicité, la nature et l'amitié.

Il y a deux formes de l'ironie ; l'une est une sorte de victoire de la vérité contre l'apparence. Elle réside dans le seul regard qui, sans qu'aucune parole ou aucun sourire l'accompagne, mesure la distance entre ce que l'on montre et ce que l'on est, entre ce que l'on prétend et ce que l'on sent. Elle est la cruauté de la lumière pure et s'exerce toujours avec plus de pénétration contre soi que contre aucun autre. Mais il y a une autre forme d'ironie qui est, si l'on peut dire, inverse de celle-là. C'est celle qui disqualifie l'apparence par l'impossibilité de reconnaître la grandeur intérieure qui s'y manifeste et de se hausser jusqu'à elle.

IX. - LA PART DU CORPS

Il n'y a point d'autre honte que celle d'avoir un corps qui nous met sous le regard d'autrui et nous livre à ses prises. Mais c'est là aussi la source de notre vanité. Mais ce qui est plus honteux que ce dont on a honte, c'est la honte qu'on en a.

C'est par la seule apparence de leurs corps que les hommes dès qu'ils se rencontrent se sentent aussitôt séparés ou unis, ennemis ou amis, habitants du même monde ou de deux mondes lointains. Ce sont là de très grands signes qu'il ne faut pas rabaisser. Le corps, c'est l'esprit visible qui me découvre sa présence, et qui en s'incarnant se montre et agit.

La vue ne nous livre pas la réalité du corps. On dit qu'elle ne nous découvre que son apparence : car elle suppose la distance au lieu de l'abolir, mais elle nous préserve ainsi de la grossièreté du contact matériel. Elle transfigure la matière de manière à en faire une pure image déjà spirituelle, presque une idée. Qu'est-ce que l'idée selon l'étymologie sinon le visible, un visible auquel s'applique le regard de l'esprit et non plus de l'œil ? Mais le passage de l'un à l'autre est presque insensible, non pas seulement par métaphore : il suffit que l'objet s'éloigne un peu davantage, et déjà la lumière qui nous découvre la matière en la découvrant la dissout. Mais la lumière de l'esprit convertit l'image de l'objet en idée pure.

Et de tout le réel on peut dire ce que Bergson dit avec beaucoup de délicatesse bien que dans un langage un peu romantique, d'une physionomie, que l'on ne peut la voir dans toute sa perfection que comme un beau vase d'albâtre, quand elle est éclairée de l'intérieur.

X. - TRAVERSER L'APPARENCE

Il faut rompre toute relation avec un autre homme quand elle ne nous apporte ni plaisir ni profit, ce qui peut-être est la même chose, pour celui qui donne à ces deux mots un sens assez fort. C'est dire qu'il faut là comme partout dissoudre l'apparence et briser toutes les chaînes qui nous sont imposées par la situation ou par l'événement. Ou bien il faut être capable non seulement de les supporter sans irritation et sans ennui, mais encore de les transfigurer et de faire de cette présence matérielle qui nous contraint une secrète complicité spirituelle et que le passant que l'on rencontre devienne pour nous un compagnon qui consent à faire avec nous le chemin.

Le drame des relations entre les hommes, c'est qu'elles m'obligent à me régler sur l'apparence qu'ils me donnent et à ne leur offrir de moi-même que ma propre apparence. Dans les deux cas, cette apparence doit être traversée. Sans elle nous nous ignorerions toujours, avec elle nous nous trompons toujours. Mais elle semble parfois d'une transparence telle que nous cessons de la percevoir : nous ne voyons plus que ce qu'elle nous cachait et que maintenant elle nous découvre. Alors seulement l'intimité commence. Il faut agir à l'égard des autres hommes comme si on n'avait avec eux que des rapports spirituels qui sont les seuls véritables, tous les autres étant des rapports d'apparence qui les dissimulent et les falsifient au lieu de les découvrir et de les montrer. Mais qu'y gagne-t-on, puisque nul ne s'y trompe ?

Nos relations réelles avec les autres hommes sont des relations entre ce qu'ils sont et ce que nous sommes, entre notre essence et la leur. Elles restent les mêmes quand nous sommes éloignés d'eux et même quand nous ne les connaissons pas. Les événements auxquels nous sommes mêlés, les actions mutuelles que nous pouvons accomplir n'y changent rien. Mais il arrive que nous ne sachions pas le reconnaître. Nous vivons alors dans le monde de l'apparence ou de la manifestation avec lequel le monde vrai ne coïncide jamais. Mais il arrive que nous mettions tout en œuvre pour produire une telle coïncidence, sans y parvenir ; nous forçons l'apparence, nous multiplions les manifestations, nous faisons ce que recommande Pascal « prenez de l'eau bénite », l'être résiste et ne se laisse pas séduire. Nous n'obtenons rien qui vaille si nous ne sommes pas le même homme quand nous sommes seul et quand nous sommes avec eux. Car nous savons assez que nous ne pouvons pas avoir avec eux d'autres communications que celles que nous avons avec nous-même, c'est-à-dire avec ces puissances de nous-même dont nous voyons en nous tantôt le germe et tantôt l'épanouissement.

Chapitre VI
DISCRÉTION

I. - LE LIBRE CONSENTEMENT

Le plus grand art est de savoir produire entre les hommes une communication réelle. C'est là l'effet d'un don ou d'une grâce. Et le propre de l'art, c'est de savoir éveiller ce don ou cette grâce qui sont toujours en attente au fond de notre conscience, ce n'est pas de chercher à les surprendre ou à les forcer ou à les imiter car il accuse alors leur absence. Il y a toujours un point où la communication se refuse, soit qu'il y ait de notre faute ou de la faute d'autrui. Alors pour ne pas la corrompre ou la convertir en son contraire, il faut savoir s'abstenir et s'éloigner. C'est à la fois une marque de discrétion et de charité.

La discrétion est un art délicat qu'il faut savoir porter jusqu'à l'indifférence, mais qui en est le contraire. C'est une indifférence attentive et toujours prête à se rompre. L'intérêt que l'on prend à quelqu'un qui entend garder son secret et ne le livrer qu'à celui qu'il a choisi, est plus oppressif que la haine et nous fait paraître l'indifférence comme une charité véritable.

Il y a une inviolabilité de l'intimité et de la liberté à la fois en soi et en autrui qu'il faut savoir respecter sans que pourtant elle produise en nous l'indifférence, ni la dureté, ni la froideur. Mais la frontière est subtile et on la passe aisément dans les deux sens.

Il est difficile aux plus sages mêmes de ne jamais faire abus vis-à-vis d'autrui de leur force ou de leur vertu. Il y faut beaucoup de ferveur et de charité.

Il ne faut point solliciter ni provoquer l'intimité quand elle se refuse ou qu'elle tarde à se produire. L'amitié, l'amour, et cette entente spirituelle si parfaite et si silencieuse qu'elle ne mérite ni l'un ni l'autre de ces deux noms, ne peuvent point être l'effet de la volonté. Car là où l'action est la plus pure, il semble qu'elle se fasse sans nous : nous n'avons qu'à l'accueillir ou à la recevoir.

Il n'y a de rapport véritable entre les hommes que par un consentement mutuel qui ne peut pas être forcé. Mais le miracle, c'est quand sans être forcé, il ne peut pourtant être refusé. C'est dire que les hommes accordent trop d'importance à la volonté. Encore quand ils parlent de bonne volonté ont-ils plus de modestie car ils limitent cette volonté à un consentement qu'ils se bornent à accorder. Tout doit se réduire pour nous à un effort d'attention qui cherche à reconnaître dans le monde un ordre profond, un accord mystérieux entre les essences.

On corrompt souvent les relations avec les autres personnes lorsqu'on exige d'elles ce qu'elles ne peuvent pas porter. C'est charité de ne pas les obliger à sortir de leur propre niveau. Le problème est de déterminer le point jusqu'où peut aller ma communication avec un autre être et de ne jamais le passer : si je le passe, je la romps. Il ne faut point demander trop tôt à autrui les marques d'une sympathie que l'on ne ressent point encore pour lui ou dont il semble seulement qu'elle est possible ou qu'on la désire. C'est souvent l'empêcher de naître.

II. - SAVOIR S'ABSTENIR

Chapitre VI

Dans les rapports avec les autres hommes on n'aperçoit pas toujours la grande charité qu'il y a souvent à s'abstenir. C'est une charité qui a les dehors de l'indifférence mais qui en est justement le contraire, qui souffre d'être prise pour elle et qui pourtant y consent. Elle peut être l'extrémité du respect et de la délicatesse, l'effet de l'intérêt le plus immédiat et le plus agissant qui renonce à tous les effets apparents, le témoignage de l'amour le plus vigilant qui se passe de tous les témoignages. On le voit bien quand on le compare au faux empressement et même parfois avec un empressement sincère dont l'insistance est parfois impossible à porter. Mais de m'abstenir, c'est là souvent l'assistance la plus parfaite que je puisse vous donner, dans une présence qui est totale mais ne se distingue pas de l'absence, d'une absence il est vrai plus forte que toutes les présences puisqu'elle est exclusivement spirituelle, dans une pure attention à vous-même, souverainement respectueuse de toute votre liberté, de votre intégrité, du jeu de toutes vos puissances et de cette parfaite disposition et jouissance de vous-même où ne paraît aucune ombre projetée sur vous par la seule pensée de mon existence qui pourrait encore la ternir ou la diviser.

Il y a une perfection de la charité qui consiste à être capable de ne point intervenir dans la vie des êtres que nous aimons le plus, à les regarder et les admirer d'être ce qu'ils sont indépendamment de nous qui ne ferions que les troubler ou tirer de notre contact avec eux et presque à notre insu quelque avantage d'amour-propre.

Il y a une indifférence attentive qui fait beaucoup moins de mal et montre plus d'égards qu'une affection trop empressée et trop indiscrète. Le mot même d'égards témoigne du degré de notre délicatesse et de notre réserve.

Les hommes se blessent toujours les uns les autres par l'impossibilité où ils sont de laisser chacun se gouverner selon sa propre loi. Ils ne cessent de se substituer à lui, de le conseiller avant qu'il agisse, de lui faire toujours quelque reproche quand il a agi. Ils veulent savoir mieux que lui ce qu'il devait faire ou ce qu'il aurait dû faire. C'est comme si nous jugions qu'il doit nécessairement être puni pour avoir voulu s'évader du monde que nous avions cru soumettre tout entier à notre pouvoir. Ainsi les hommes ne cessent de se tracasser les uns les autres, ce qui les rend toujours misérables.

Le seul service que nous puissions rendre à autrui, c'est de lui permettre de croître selon son propre génie. Avant de songer à le secourir, à agir sur lui, même imperceptiblement, nous ne lui devons rien de plus qu'un respect attentif. Il arrive qu'il nous soit reconnaissant même de notre indifférence. Mais la discrétion d'un regard de sympathie, c'est pour lui comme le regard de Dieu, c'est déjà une grâce qui le féconde. Si chacun regardait vers Dieu et non point toujours vers un autre, loin de méconnaître les autres, il serait aussi comme un dieu pour eux.

III. - *ENTENTE SILENCIEUSE*

On n'est jamais tout à fait assez prudent ni assez modéré dans les rapports que l'on a avec les autres hommes. C'est lorsqu'on aime le plus que l'on craint le plus soit de trop demander soit de trop offrir. C'est comme si tout être, autour de nous, était enfermé dans une solitude fragile et presque sacrée que l'on craint toujours de déchirer ou de profaner. Cette solitude est elle-même circonscrite par une barrière plus sensible que l'épiderme le plus délicat. Il s'agit toujours pour nous de la respecter plutôt que de la pénétrer. Les relations entre les hommes ne sont ce qu'elles doivent être que lorsque chacun d'eux découvre dans l'autre une solitude qui ressemble à la sienne propre et, sachant qu'elle est là, la confirme au lieu de la rompre.

C'est là peut-être la forme de communication la plus haute et la plus parfaite qui puisse se produire entre deux êtres séparés. Ils ne commencent à s'entendre que lorsqu'il n'y a rien entre eux de public, que tout entre eux demeure secret et que chacun devient conscient grâce à l'autre de son propre secret.

La solitude contient en elle tous les rapports possibles avec tous les hommes. Et dans la société elle-même c'est cette solitude qu'il s'agit de retrouver. L'intimité ne commence entre les êtres que lorsque chacun d'eux est pour tous les autres non pas un moyen de s'affranchir de la solitude, mais au contraire d'y pénétrer. Car la plupart des hommes ne l'ont jamais connue. Nous cherchons à multiplier nos rapports avec les autres hommes et nous pensons qu'être, c'est se montrer et plus encore, s'exprimer. De là, le prestige de la parole qui fait que tous les silencieux sont méconnus ou qu'on s'en défie. Mais le plus souvent, nous n'avons de rapport qu'avec les corps, ce qui nous sépare de Dieu et par conséquent aussi des autres hommes. De même la parole altère cette pure intimité avec soi que l'écriture conserve quand elle ne songe pas à imiter la parole. Dans sa véritable destination, elle est silencieuse elle est un secret scellé, plutôt encore que proféré.

IV. — *LA PARFAITE CONFIDENCE*

Cette croyance que les hommes sont séparés et à jamais incapables de se comprendre invite les uns à taire tout ce qu'ils pensent et les autres à tout dire impunément comme s'ils étaient seuls. Mais dans notre réserve elle-même il arrive qu'il entre beaucoup d'amour-propre. Ainsi, on se cache comme si elles étaient ridicules de certaines choses qui rendent ridicule parce qu'on les cache et qui ne rendraient pas ridicule si on les montrait.

L'homme du monde lui-même est celui que Balthazar Gracian appelle le discreto. Tant mes rapports avec les autres hommes supposent de délicatesse dans le double rapprochement et dans la double sauvegarde de mon intimité et de la leur.

Il y a un certain goût des confidences qui nous répugne parce qu'il semble porter atteinte à cette loi du secret qui est la loi suprême de la conscience. Et en effet, quand l'intimité est devenue réelle et qu'une communion a commencé de s'établir, on ne saurait plus parler de confidence. La discrétion est elle-même une confidence retenue et dans la confidence il y a parfois un appel prématuré et maladroit à une communion qu'on empêche en la supposant alors qu'il faudrait la produire.

Il y a en nous des choses si secrètes qu'elles doivent rester pour nous un secret et qu'on n'ose même pas se les dire à soi-même. Il y a une extrémité de la pudeur où elle s'abolit. C'est alors que notre communication avec autrui est la plus parfaite. Rien ne subsiste alors de la honte que nous avons de montrer ce que nous sommes, du risque d'infléchir par un mouvement de l'amour-propre notre train le plus naturel. C'est notre solitude qui s'agrandit et qui s'approfondit. C'est notre silence intérieur qui est devenu sonore.

V. - *VERTU DE LA TIMIDITÉ*

Il y a une extrémité de la réserve ou de la pudeur qui fait que nous hésitons à inscrire notre action dans le monde comme si elle devenait tout à coup impure, comme si elle découvrait, livrait, altérait notre être le plus secret, comme si, en le rendant public, elle l'arrachait à lui-même, comme si par notre faute, elle troublait tout à coup cet ordre des choses dont nous ne sommes pas l'auteur et que nous craignons de pervertir. Encore n'est-ce rien lorsqu'il s'agit seulement d'agir sur le monde matériel ; nous ne changeons que le spectacle. Mais quand il s'agit d'agir sur d'autres êtres, il semble que nous entrions en rivalité avec Dieu qui les a créés et avec la liberté qu'il leur a donnée.

Le secret du monde ne se livre pourtant qu'aux timides qui sont toujours à la source, au point où le moi naît à lui-même, oscille entre l'être et le néant, pénètre dans le monde et cesse d'être seulement un être pour soi afin de devenir aussi un être manifesté, un être pour autrui. La vertu elle-même meurt dès qu'elle montre trop de sécurité soit dans l'action soit dans les paroles.

Mais il est naturel que les êtres les plus délicats soient toujours meurtris par les êtres les plus vulgaires. En leur présence ils éprouvent une souffrance ambiguë, celle de les trouver ce qu'ils sont et de se sentir eux-mêmes si peu assurés en comparaison.

Que de réticence, de refus, de pudeur, que de mouvements de l'amour-propre, que de feinte et d'apparente insincérité chez tant d'êtres qui craignent de montrer ce qu'ils sont au point de faire croire qu'ils ne le sont pas. Mais on soupçonne dans ce visage d'eux-mêmes qui éclate à tous les yeux cette intimité sans visage qu'ils portent au fond d'eux-mêmes et que tout visage ne cesse de trahir.

Ce sont les idées les plus belles qu'on a pu avoir qui donnent aussi le plus de timidité. On rougit de les exprimer, à la fois par la crainte que les autres hommes ne puissent pas se hausser jusqu'à elles, par le soupçon qu'ils aient eu avec elles quelque familiarité et qu'ils les aient méprisées, par cette touche trop personnelle qu'elles nous font sentir et qui, dès qu'elle se découvre, devient pour nous comme une blessure ouverte.

VI. - BRÛLURE DU REGARD

On ne connaît le véritable visage de quelqu'un que si on le regarde pendant son sommeil. Il est présent alors dans toutes ses possibilités dont aucune ne se réalisant ne vient cacher toutes les autres. Il ne se surveille plus. C'est comme s'il était nu. Et il y a une certaine impudeur à le surprendre dormant. Car on le voit alors tel qu'il est, divinement libéré de toutes les préoccupations de la veille ou hideusement asservi à elles dans une grimace immobile qui le trahit. Ce n'est plus lui tel que nous l'avons connu, c'est lui tel qu'il est avec un visage transparent qui nous remplit tantôt de ravissement et tantôt d'horreur.

La pudeur et la sympathie doivent empêcher de regarder les esprits et les corps avec trop d'insistance et avec trop de pénétration. Toute insistance crée une gêne, toute pénétration, une blessure.

Il arrive qu'un regard, une parole d'autrui nous découvre tout à coup à nous-même sans qu'il en ait lui-même le moindre soupçon, dans une lumière si vive et si crue qu'il se produit en nous une alarme de la pudeur comme si, sans qu'il y paraisse rien au-dehors, notre vie secrète se sentait tout à coup violée.

Celui qui n'ose pas regarder un autre en face, ce n'est pas toujours défaut de franchise, c'est aussi, souvent, excès de pudeur, soit qu'il craigne lui-même d'être pénétré et pour ainsi dire livré, soit qu'il sente que son propre regard est trop indiscret ou trop brûlant.

Il y a une pudeur de la connaissance, comme si nous savions que l'être porte en lui son propre secret et que la connaissance vienne tout à coup à le livrer, c'est-à-dire à le rendre public. Mais il y a une présence attentive et constante qui abolit les frontières au lieu de les violer, dissout toutes les réactions de l'amour-propre et rend deux êtres transparents l'un à l'autre dans une lumière douce qui ne laisse rien échapper.

VII. - LE RECOURS AU SILENCE

Les relations avec autrui sont de l'essence la plus délicate car elles mettent en jeu non pas seulement les paroles, les actions mais encore les différentes espèces de silence et l'exercice mutuel de nos puissances les plus mystérieuses.

Le recours au silence est le signe de l'inutilité des paroles et la mesure de leur impuissance, soit parce que la communion est devenue parfaite et n'en a plus besoin (il arrive même qu'elles la troublent au lieu de la servir), soit qu'elles accusent et aggravent une séparation qui d'emblée est irréparable. Le silence est alors une sorte de palliatif. Ainsi, la conversation doit s'interrompre dès que l'on ressent le moindre sentiment d'amour. Et si elle se poursuit, ce n'est plus qu'une apparence qui le dissimule au lieu de l'exprimer.

Il n'y a de vraie conversation que là où l'on peut s'entendre à demi-mot : il faut qu'elle reste toujours à la lisière de l'intimité et du silence. Quand je parle avec ironie il faut que vous soyez très attentif. Car il s'agit assurément de choses très intimes dont je ne saurais pas parler autrement.

Les relations les plus intimes sont difficiles elles-mêmes à supporter s'il ne s'y mêle pas un brin d'humour où l'individu se détachant pour ainsi dire de ce qu'il ressent refuse d'en être dupe et ne cesse de reconnaître l'imperfection de son état.

VIII. - LES FRONTIÈRES
DE L'INTIMITÉ

Nul ne peut parler de ce qui l'émeut ou simplement de ce qui lui arrive comme s'il s'agissait d'un autre et non point de lui-même. Aussi, vaut-il mieux ne point interroger un autre sur ce qui le touche de trop près. On ne peut évoquer avec pudeur les parties les plus intimes de l'être, en soi ou en autrui, qu'à condition de parler toujours d'un objet universel et abstrait mais où chacun pourtant se reconnaît, se juge et s'engage comme s'il n'était question que de lui seul. Soit que l'on parle, soit que l'on écoute, il faut éviter de s'aventurer sur un terrain où chacun semble désigné à l'attention de l'autre d'une manière trop évidente dans son existence séparée ; ici, il faut craindre d'imposer ou de subir toujours quelque humiliation. Le seul terrain où les hommes puissent s'entendre, c'est celui où chacun cherche à atteindre sa propre essence individuelle dans cela même qui est commun à tous. Je ne puis atteindre, dans ce qui est mien et dans ce qui est vôtre, le point d'intimité le plus secret, que là où mon secret est aussi le vôtre.

Il ne faut jamais mettre en commun ce qui n'appartient qu'à moi seul. A cette règle, l'amour même ne fait pas exception. Il meurt de montrer ce qui ne peut être protégé. Et la pudeur est sa sauvegarde, non point comme on le dit, par ce mystère dont elle l'enveloppe, mais par cette protection dont elle entoure mon être individuel qui cesse d'être mien dès qu'il se découvre. Il devient alors un spectacle pur, une chose qui, comme toutes les choses, est extérieure, anonyme et publique. C'est la fin de l'amour dont la vie est toute d'intimité et qui, dans le corps lui-même, abolit le spectacle et cherche l'écho d'une invisible intimité.

IX. - CE QU'IL FAUT RÉSERVER

C'est une erreur de penser qu'il faut tout montrer. C'est être aveugle que de ne pas savoir distinguer le public du privé et de croire qu'en triomphant de la séparation des individus l'amour lui-même n'ait rien à taire, ni rien à cacher. Il y a si l'on peut dire des secrets du corps propre qui ne peuvent se changer en spectacle sans offusquer la délicatesse. Dans notre âme elle-même, il y a des choses que l'on ne s'avoue même pas à soi, non pas tant par la honte qu'on en aurait, si on les voyait, que parce que, en les nommant, on leur donnerait une figure, un relief qui les grossirait, les rendrait autres qu'elles ne sont. Il y a des possibles qui naissent en nous et que nous n'achèverons jamais de réaliser, même par la pensée, des intentions qui se croisent en nous presque à notre insu, des rêves d'un instant qui se dissipent aussitôt. Je ne dispose pas de paroles assez légères pour les évoquer sans leur donner un corps dont la pesanteur les dénature. Je n'ai pas d'autre ressource que de les suggérer par des paroles presque muettes et pour ainsi dire inutiles mais dont je ne saurais me défendre et qui créent entre autrui et moi une sorte d'atmosphère commune sans que je doive jamais courir le risque de laisser paraître ce qu'en moi je n'ai point jugé digne d'être assumé. Une volonté de communication trop étroite poursuivie au-delà des limites de l'indépendance légitime des individus, tant en ce qui concerne le corps qu'en ce qui concerne une liberté qui n'a point encore choisi entre les possibles que je porte en moi, menace toujours de séparer les êtres plutôt que de les unir.

Le propre de la conscience, c'est d'être faite d'états naissants. Il est très difficile de les traiter toujours comme s'ils étaient déjà parvenus à maturité car il y faut beaucoup de temps et beaucoup d'événements qui suffisent à décevoir l'œil le plus pénétrant. Inversement, refouler un sentiment naissant et le maintenir pourtant sous le regard de l'attention, au lieu de l'exprimer, c'est tantôt l'aggraver et tantôt l'abolir.

Il en est de chacun de nous comme de l'enfant qu'il faut juger comme un enfant et non comme l'adulte qu'il sera un jour.

Chapitre VII
MÉNAGER AUTRUI

I. - *NE JAMAIS BLESSER*

Il ne faut point être trop ferme en présence d'autrui sous peine de lui être aussi fermé. Reconnaître en lui une autre existence que la mienne, marquer pour lui une courtoisie véritable ou me prêter à lui, qui sont des attitudes très voisines, c'est cesser de me heurter à lui comme un être déjà réalisé, accompli avant lui et sans lui, sur lequel il n'aurait aucune prise, c'est retourner devant lui à l'état de possibilité pure afin que je n'achève de me réaliser que par lui et dans mon rapport avec lui. Ainsi il ne faut jamais s'opposer à l'opinion d'autrui, mais l'épouser pour l'infléchir. Et c'est parfois la nôtre qui s'infléchit.

C'est dans le ménagement à l'égard d'autrui que s'éprouve le mieux notre sagesse. Elle consiste à suspendre tous nos mouvements négatifs, comme la colère ou le mépris, en songeant à la diversité irréductible des individus, aux démarches irrésistibles du caractère, à la distance infinie qui sépare le fini de l'infini et qui égalise tous les êtres finis. Il faut éviter de produire entre lui et nous cette cassure qui le rend à jamais étranger à notre propre vie. C'est fermer devant nous l'avenir et flétrir par avance toutes les possibilités qui ne se sont pas encore éveillées en lui et en nous et dont nous aurions pu être les intercesseurs.

Il faut garder cette règle de céder à autrui quand l'amour-propre est en jeu, car en triomphant de son amour-propre on triomphe aussi de l'amour-propre d'autrui qui se perd dans le vide par une trop facile victoire, — mais non point quand la justice est en jeu, car si on ne peut rien contre l'injustice de l'intention, on la fortifie et on la confirme, on en devient complice dès qu'on refuse de la combattre.

La susceptibilité est un effet de la rencontre de deux amours-propres. Il faut essayer de la vaincre chez soi et de la ménager chez autrui.

Il y a une règle d'or que l'on oublie toujours : c'est qu'il faudrait s'attacher à ne jamais blesser personne. Elle est la marque de la plus extrême délicatesse. Elle suffit à créer entre les hommes une communion invisible et spirituelle. Mais elle ne fait pas les affaires de l'amour-propre qui a besoin, par les blessures qu'il ressent ou qu'il impose, de se prouver à lui-même son existence et sa puissance. En soi, en autrui il cherche toujours à les enflammer et à les rendre plus cuisantes, comme si la vie avait alors pour

lui une acuité qui l'emporte infiniment sur le bonheur. Et peut-être y a-t-il un certain état intérieur dans lequel elle pourrait s'établir et qui l'empêcherait de les éprouver ou de les produire.

Mais on pense que ménager autrui c'est un signe de faiblesse alors que c'est le contraire qui est vrai. La faiblesse est de se sentir empêché par lui et de vouloir le diminuer ou le détruire. Mais pour le ménager, il faut beaucoup de tact, d'intelligence et de finesse, une force d'âme et une puissance de sympathie qui l'emporte de loin même sur les calculs les plus habiles.

II. - GRIEFS ET CONTRADICTION

Les hommes ne sont jamais assez ménagers de la sensibilité d'autrui. Par rapport à l'indifférence qui rejette un autre être hors du monde où nous vivons et qui l'anéantit à nos yeux, il y a deux extrêmes : cet intérêt négatif que nous portons à autrui pour lui faire sentir notre différence et qui lui imprime une perpétuelle blessure, et cette exquise délicatesse qui fait que nous nous mettons toujours à sa place, craignant même de le toucher, comme si tout contact étranger le déchirait et violait son secret.

Il ne faut jamais se plaindre des autres, ni leur faire de reproches. C'est s'interdire par avance toute communication avec eux. Il n'y a pas d'homme au monde qui ne soit pour moi comme je le suis pour lui une occasion d'épreuve et de perfectionnement. Il faut accepter, supporter, et s'il est possible se réjouir qu'il soit au monde et qu'il soit précisément ce qu'il est. Il faut qu'aucune parole prononcée en présence d'autrui ne sonne à ses oreilles comme un grief que l'on a contre lui, mais comme une vérité qui lui apporte sans qu'on l'ait cherché une lumière, une consolation.

La contradiction est un effet de l'amour-propre. Contredire, c'est presque toujours montrer que l'on n'accepte pas autrui, qu'on le rejette hors de l'existence, qu'on ne veut pas qu'il soit un moi comme nous, bien qu'autre que nous. On refuse la perspective dans laquelle il contemple le réel : on ne consent pas à s'y placer. On reste persuadé qu'on est le seul à voir les choses comme elles sont. Mais la vérité est à tous et à personne, il n'y a pas de conscience qui ne soit trop étroite pour la contenir. La vision que j'ai du monde est toujours mutilée. J'ai besoin de tous les autres hommes pour l'enrichir. Et cette divergence entre les représentations que les hommes se font des choses, qui ne fait que les opposer, devrait servir à les unir.

Pour bien comprendre les autres hommes, il faut toujours se mettre de leur côté, s'ingénier à prendre les choses dans le biais où ils les prennent, à entrer un moment en complicité avec eux, à se sentir devenir eux.

III. - LA POLITESSE

On pense que l'amabilité et la courtoisie sont des vertus de la société qui exténue l'individualité et, à la limite, tendent à l'abolir. Comme si l'individualité ne pouvait se maintenir que par la séparation et la guerre. Mais ces vertus d'apparence extérieure et sociale ont plus d'intimité et sont plus personnelles qu'on ne pense : elles expriment en chacun de nous son essence la plus délicate qui s'éprouve et se constitue non point dans la solitude, mais dans le contact infiniment sensible entre notre propre moi et le moi des autres.

Le goût même de s'effacer est parfois l'effet d'une solitude orgueilleuse et méprisante et d'un amour-propre jaloux qui refuse de dire son nom, mais parfois aussi l'effet d'une extrême discrétion dans la rencontre d'une intimité dont on sait qu'elle est propre à chacun de nous et pourtant qu'elle nous est commune.

On dit que je ne puis pas avoir de relation réelle avec un autre être si je ne suis pas en face de lui tel que je suis en face de moi-même. Mais ce n'est pas assez dire. Car il arrive que quand je suis seul, je m'observe, je me surveille et je me retiens. Et il est parfois plus facile d'être simple et naturel avec un autre qu'avec soi. Comment l'être autrement que si on s'abandonne ? Mais il y a une sorte de contradiction à s'abandonner quand on est seul. On s'abandonne seulement en face d'un autre, ou à un autre. Car qui s'abandonne se donne.

La politesse, que l'on considère si souvent comme une contrainte que l'on s'impose n'est rien si elle n'est pas une détente de l'être séparé qui commence à s'abandonner. Et la politesse la plus apprêtée essaie encore d'être une image de l'abandon. Mais c'est une fausse image qui montre assez clairement l'impuissance de la volonté à la produire. Et c'est pour cela que la politesse peut être utilisée pour accuser la séparation au lieu de l'abolir.

Peut-être faut-il dire qu'il y a quelque chose de cruel dans la vérité, soit par le spectacle qu'elle nous découvre, soit par l'exigence dont elle nous presse. Tous les artifices de la civilisation n'ont point d'autre objet que de la cacher.

La politesse qui devrait introduire tant de douceur dans les rapports entre les hommes est aussi une terrible contrainte et qui est toujours plus dure pour celui qui la subit que pour celui qui la pratique. Ainsi, il est toujours moins embarrassant d'offrir que d'accepter et d'inviter que de répondre.

La communication avec les autres hommes est si difficile, elle peut être si émouvante, elle nous engage si profondément, qu'on la désire et qu'on la craint à la fois. Et on cherche à l'éviter ou l'on refuse de la mettre à l'épreuve en usant de la politesse ou du mensonge. Mais c'est là encore un témoignage qu'on lui rend par lequel déjà on commence à se délivrer des erreurs de l'amour-propre qui sont inséparables de la solitude. Et l'on sait bien que l'homme reste un être fruste, un minéral enfermé en soi, rebelle à tous les contacts tant qu'il n'est pas taillé et poli par autrui.

La mésentente entre les hommes, et, ce qui est le plus grave, la fausseté de leurs relations vient de ce qu'ils ne se touchent que dans les parties les plus extérieures et les plus superficielles de leur nature. La politesse commune n'a pas besoin d'aller au-delà. La vraie, c'est la rencontre de l'intimité alors seulement on est touché, mais dans un autre sens.

IV. - LA BONTÉ

Il y a dans chaque homme un mélange d'égoïsme et de bonté. Et celui que l'on appelle sage est celui qui sait maintenir un équilibre entre ces deux dispositions contraires. Celui qui ne sent pas en lui la pointe de l'égoïsme ne peut pas avoir de bonté, car, ignorant son propre moi, il ignore aussi le moi des autres. Et celui qui n'a pas peur de jamais se laisser surprendre par la bonté n'a pas besoin que l'égoïsme retienne jamais en lui une existence qu'elle mettrait en péril. Chacun de ces deux mouvements est une défense contre l'autre.

Mais c'est un grand préjugé qu'on ne peut jouir de rien dont on ne retire la jouissance à un autre. On pense que la bonté c'est au contraire de faire participer les autres aux biens dont nous jouissons. Mais l'égoïsme bien entendu devrait nous mener jusque-là. Il ne va jusqu'au bout de lui-même qu'en se dépassant, qu'en s'anéantissant. On le voit bien dans les plaisirs de l'amour, sensibles aussi bien que spirituels.

Enfin les services que l'on rend aux autres, les dons qu'on peut leur faire ne proviennent pas toujours de notre bonté : il arrive aussi que ce soit l'amour-propre qui nous inspire, et la satisfaction que nous avons à montrer tantôt ce que nous pouvons et tantôt ce qu'ils nous doivent. Il n'en est plus de même si au lieu de chercher toujours à leur donner davantage, nous cherchons seulement à accroître leur être propre, c'est-à-dire la puissance qu'ils ont de tout se donner à eux-mêmes. Alors notre action est véritablement désintéressée. Elle n'appelle point de reconnaissance, cette reconnaissance dont on ne sait pas si le témoignage est plus difficile à rendre ou à recevoir.

V. - *LA BIENVEILLANCE*

La première vertu à l'égard des autres hommes est la bienveillance qui réside dans un regard tourné vers ce qu'ils pourraient être et qui est déjà présent dans ce qu'ils sont, et qui a pour contrepartie un regard tourné en nous-même vers ce que nous sommes et qui diffère tant de ce que nous pourrions être. Là où manque la bienveillance tout contact entre deux êtres est brisé, toute communication est interrompue.

Ainsi il faut toujours interpréter dans un sens favorable ce que nous voyons faire par autrui. Non seulement cela réserve l'avenir et la possibilité d'une entente qui se produira peut-être un jour, même si dans l'occurrence nous nous trompons, mais encore cela peut infléchir la conduite même de l'autre et faire pencher son âme vers ce que nous croyons voir en elle. Mais les hommes agissent tout autrement. Ils observent avec une joie cruelle les défauts d'autrui, ce qui lui manque plutôt que ce qu'il a, ce qui le diminue et l'humilie et les mouvements de sa nature plutôt que ceux de son esprit. C'est une sorte de consolation ou de revanche à l'égard de nous-même qui voyons en nous les mêmes misères ou d'autres.

Cependant l'amour fait le contraire de l'amour-propre. Car celui que l'on aime l'emporte toujours sur soi à la fois par tout ce qu'il possède et par tout ce qu'on le croit capable d'acquérir. Et il est inattentif dans celui qu'il aime à toutes ces faiblesses du corps et de l'âme qui font sentir si douloureusement à chacun de nous qu'il n'est point un esprit pur, ni même une volonté pure.

VI. - *CONFIANCE MUTUELLE*

Deux êtres ne peuvent pas communiquer avant qu'il y ait entre eux une confiance mutuelle. Mais en quoi consiste cette confiance même ? Elle est comme une possibilité pour chacun d'être soi plus véritablement que quand il est seul, de voir tomber toutes ces barrières que la solitude élevait autour de lui, de trouver une puissance d'accueil dans laquelle il se dilate et il est reçu.

Mais dans cette confiance même, chacun cesse de penser à soi ou à l'autre. Tous deux n'ont de regard que pour la vérité spirituelle. Ils cessent de surveiller leurs propres démarches ou, ce qui revient au même, ils n'ont d'attention que pour elles, mais c'est parce qu'ils cherchent à discerner en elles autant de traits qui ont cette vérité seule pour cible.

Il ne manque à certains hommes qui s'enferment dans une solitude jalouse et hargneuse que d'avoir rencontré quelqu'un qui leur donne cette confiance et cette ouverture qui leur manquent pour qu'ils apparaissent tels qu'ils sont, c'est-à-dire débordants de vie et de joie, d'ardeur et de charité.

Nous n'avons point d'autre appui que la confiance d'autrui et par conséquent il faut toujours en devenir digne. Dans la confiance que l'on accorde à un autre on a toujours peur d'être dupe : mais cela est rare ; car la confiance accordée à qui nous trompe le fait hésiter et souvent le change.

Cependant il y a une confiance qui n'est qu'une sorte de science : c'est là où nous sommes en présence de quelqu'un dont nous savons qu'il est raisonnable ou qu'il est fidèle ou qu'il agit toujours par devoir. Mais cette confiance comme le respect ne produit jamais un acte d'amour. Elle nous rassure, mais elle ne s'engage pas, elle nous sépare plus encore qu'elle ne nous unit, elle empêche la communication, elle la rend inutile. Elle ne produit aucun risque : ce n'est que la confiance dans les lois de la nature.

VII. - LES BLESSURES DU CHAGRIN

Il n'y a point de problème plus difficile que celui de savoir quelle doit être notre attitude à l'égard de ceux qui nous apportent quelque chagrin. Car ils sont l'occasion d'une sorte de rumination qui ne cesse d'empêcher et d'assombrir notre esprit. Ainsi, il semble qu'il n'y aurait pas pour nous de plus grand avantage que de ne pas en être troublé, ou même de convertir en force et en lumière cette sorte de présence obscure qui tout à coup vient nous envahir.

On trouve dans un auteur spirituel qui fut très lu et très pratiqué autrefois les conseils suivants : d'abord de ne pas se plaindre et de n'en parler à personne, comme si l'on risquait par là à la fois de leur donner une sorte de pesanteur matérielle qui leur manquait et de leur ôter du même coup ce secret tout intérieur qui permet de les transfigurer, — ensuite de n'y point penser volontairement et avec complaisance, et même de chasser toute pensée qui pourrait nous en venir, ce qui n'est pas facile et n'est possible qu'en s'attachant à quelque objet plus grand qui nous fait oublier ces blessures, alors que le loisir les ranime sans cesse, — de jeter enfin vers ceux qui les ont produites un regard chargé si l'on peut dire d'un préjugé favorable, au lieu de nous détourner d'eux, ce qui nous conduit à chercher dans leur conduite une valeur à laquelle ils étaient attachés et à laquelle ils ont cru parfois qu'ils demeuraient fidèles dans le mal même qu'ils nous faisaient.

Il ne faut retenir de ces conseils que le positif et non point le négatif. L'important c'est de ne jamais accepter de se transporter sur le plan de l'opinion, où les choses perdent leur substance pour se réduire à leur apparence. Et cela déjà commence à nous guérir de toutes les piqûres qui atteignent en nous cet être de vanité où tout ce que nous sommes se réduit à l'image que nous en montrons.

Il ne faut pas que ce soit là seulement une politique d'assoupissement, comme il arrive dans toutes les douleurs sans remède et dont nous essayons de retirer notre pensée. Car alors nous restons endolori, et quand nous pensions être délivré, nous ressentons tout à coup de nouveaux élancements qui deviennent chaque jour plus cuisants.

Mais d'un chagrin profond il ne faut jamais songer à se divertir. Il s'agit de le creuser encore plutôt que de l'abolir afin de mettre au jour sa signification véritable qui illumine notre destinée comme une lumière d'orage. En ce qui concerne celui qui le produit en nous, au lieu de le rejeter dans les ténèbres extérieures, il faut chercher en lui cette essence de lui-même qui est aussi la meilleure partie de lui-même, et dont le chagrin que nous lui imputons est à la fois l'expression et la trahison.

VIII. - VERTU DU TEMPS

La différence entre les hommes provient de la manière même dont ils se comportent à l'égard du temps et peut-être seulement du sens qu'ils donnent au mot présent. Car pour les uns, c'est le présent qui ne cesse de les fuir et qui fait de leur vie tout entière comme une fuite ininterrompue. Au lieu que pour les autres c'est un présent qui subsiste toujours et que le contenu variable de l'existence diversifie, mais sans l'ébranler ni l'altérer. Pour les uns c'est la présence des choses et pour les autres c'est ma présence à moi-même.

Il y a beaucoup à dire sur le rôle de la fidélité que l'on a tant vantée. Elle est la vertu du temps et qui en un certain sens en domine l'éparpillement ; elle rend solidaires tous les instants de notre vie que Descartes nous a appris à rendre indépendants. Il refusait par des promesses de porter atteinte par avance à sa liberté dont il savait bien qu'elle est un acte présent et qui toujours recommence. En réalité, il faudrait qu'elle soit une vertu du cœur plutôt que de la volonté. Mais le cœur ne suit pas les efforts du vouloir. Et la sincérité du cœur vaut mieux qu'une fidélité que le vouloir a obtenue. Il arrive que l'on se soit engagé une fois dans un certain parti et qu'on veuille lui rester actuellement fidèle, alors que le cœur s'en est détaché, que toutes les forces de notre esprit ne cessent de se porter ailleurs.

La fidélité et le serment ne sont que des précautions par lesquelles ceux qui nous tiennent aujourd'hui entendent nous enchaîner pour toujours.

Le rôle de l'instant ce n'est pas de garder le souvenir du passé, mais de nous faire pénétrer dans l'éternité. C'est à l'éternité qu'il faut être fidèle et non point au temps et elle exige souvent, pour qu'on lui soit fidèle, une infidélité à l'égard du temps.

Je ne puis apercevoir toute la beauté du monde que si ma vie recommence tout entière chaque matin, que si elle est une perpétuelle naissance. Et dès lors le passé tout entier est pour moi comme s'il n'était rien. Il ne faut pas dire que je l'oublie, mais encore que je l'anéantis.

Et dans les relations même que j'ai avec autrui, comme on le voit assez bien dans l'amour, ce que j'ai connu de l'être qui est là devant moi est comme rien en comparaison de ce qu'aujourd'hui sa seule présence m'apporte. L'amour, dit-on, se nourrit de souvenirs ; mais c'est quand la présence manque, où tous les souvenirs d'un seul coup s'abolissent, ou peut-être se condensent.

Mais que ce passé qui n'est rien, je puisse le ressusciter par la pensée, c'est cela précisément qui est un nouveau miracle, un miracle de tous les instants.

Et il y a deux usages bien différents que l'on peut en faire. Car il arrive que le passé vienne troubler la présence et l'empêcher pour ainsi dire de se produire. Il n'éveille en moi que des précautions, des griefs ou des promesses qui forment une sorte d'écran entre le présent et moi. Mais le passé possède une autre valeur. Dès que je cesse de le confronter avec le présent, il devient lui-même un présent spirituel. Il se détache de l'événement, il cesse de le représenter, et n'en retient que la signification pure. Et il n'y a pas alors le moindre fragment de ce passé qui ne reçoive une lumière intérieure qui le transfigure.

IX. - LE PARDON

Le pardon met en jeu la relation du présent avec le passé et ce pouvoir miraculeux du souvenir, non pas d'effacer le passé, mais de le transfigurer, et même d'en changer le sens.

Cependant on ne pardonne vraiment que si l'on sent aussi que l'on a besoin d'être pardonné. Il est très délicat de faire sentir à un autre qu'on a eu des torts à son égard et qu'on le reconnaît. En s'humiliant on l'humilie aussi. On n'agit jamais avec assez de discrétion. On aggrave presque toujours par un excès de zèle la faute que l'on voulait réparer. Il faut toujours ménager le pardon que l'on demande pour ménager celui à qui on le demande, et le pardon que l'on accorde pour ménager celui à qui on l'accorde.

Là est le véritable pardon qui opère une véritable transmutation du mal même qu'on nous a fait. Il le purifie et l'éternise, au lieu de l'ensevelir dans un oubli.

La faute même que les autres ont pu commettre à notre égard crée entre nous et eux un lien de chair plus étroit, que le pardon spiritualise.

Il n'y a point de bassesse qui, si on la comprend, ne puisse être pardonnée.

On ne s'étonnera pas que tout le monde pense d'abord à punir le coupable plutôt qu'à le convertir. Car, au moment où il le punit, il s'élève au-dessus de lui, il éprouve sur lui un ascendant moral que confirme encore l'ascendant physique dans la douleur qu'il lui inflige. Son amour-propre parle autant que la justice. Mais s'il le convertit, il l'égale à lui, il perd tout avantage, il peut se sentir dépassé par cette transmutation intérieure dont il n'aurait pas toujours été capable.

Il n'y a point de faute qui n'engendre naturellement une douleur : nul n'a le pouvoir de pardonner qui n'est prêt à prendre sur soi à la fois la douleur et la faute.

Il y a partout autour de nous un mal qui règne dans le monde, que l'on ne songe qu'à maudire et à punir et qu'il faudrait savoir accepter, soulager et réparer. C'est là ce qu'exprime ce beau mot de miséricorde. Dès que la misère d'autrui, la souffrance, le malheur ou le vice, touche notre cœur, comment n'engendrerait-elle pas la miséricorde ? Mais tout être fini est plein d'amour-propre et de rancune. La miséricorde est pour lui la vertu la plus difficile. Il n'y a que Dieu qui puisse être parfaitement miséricordieux et nous ne cessons pas d'appeler sur nous sa miséricorde et de nous confier à elle.

Chapitre VIII
INDIFFÉRENCE

I. - FAIRE À TOUS LE MÊME ACCUEIL

Il est plus difficile que l'on ne pense de supporter la présence des autres hommes. On est toujours blessé par eux à proportion qu'on est plus sensible. De là il n'y a qu'un pas à les mépriser ou à les haïr. Mais Dieu leur fait accueil à tous dans son vaste univers. Il faut que nous l'imitions.

Qu'il faille supporter les autres, c'est vouloir aussi qu'ils nous supportent. Ce qui est, semble-t-il, reconnaître que nous sommes avec eux dans le monde. C'est accepter la condition initiale de l'existence, à savoir qu'il y ait d'autres êtres que nous qui diffèrent de nous et dont la seule présence nous limite et nous nie. C'est accepter cette vie elle-même, dont on gémit, contre laquelle on se révolte, mais il faut l'accepter pour en gémir et se révolter. Du monde lui-même il y a un certain usage que nous devons faire et c'est nous-même que cet usage condamne ou qu'il justifie.

C'est déjà une grande vertu pour tous les hommes de se supporter les uns les autres. Ils se partagent l'infinie richesse de l'être ; et chacun doit également se réjouir de trouver en soi ce qu'il a et en autrui ce qui lui manque. Ainsi il participe d'une certaine manière même à ce qu'il n'a pas. Au contraire il oublie presque toujours ce qu'il a et souffre précisément de ce qu'il n'a pas. Il voudrait donc tout avoir au lieu que le sage rejette hors de lui-même ce qu'il a, plus heureux qu'il y ait tant de choses dans le monde que de savoir qu'elles lui appartiennent.

On comprend mal que l'on puisse se sentir irrité à l'égard des autres soit par la différence que l'on trouve entre eux et nous, soit par le mal qu'on leur reproche et qui n'est souvent rien de plus que cette différence même. S'il s'agit seulement d'une différence, elle ne fait que nous instruire et nous agrandir, et si elle est mauvaise, elle corrompt une existence qui nous est commune, et cette corruption est d'une certaine manière la nôtre et qui, au lieu de justifier nos plaintes nous commande de la guérir.

Nul n'est jamais offensé que par soi-même, disent les stoïciens.

Celui qui consentirait à reconnaître cette maxime comme vraie aurait plus de patience à l'égard des autres, car ils ne sont jamais que l'occasion ou le prétexte qui permet d'éprouver ce que nous sommes.

II. - ÉQUILIBRE ENTRE LA HAINE ET L'AMOUR

Il ne faut point médire de l'indifférence, qui est souvent l'œuvre difficile du vouloir, qui est le remède de tant de maux, de tant de dissensions et de souffrances, qui introduit entre les personnes la paix qui règne dans le monde des choses, qui abolit tous les obstacles et tous les souvenirs et permet à des sentiments plus purs de naître et de croître comme s'il ne s'était rien passé. Et il arrive que la sensibilité la plus vive se cache sous les dehors de l'indifférence. C'est le seul moyen qu'elle ait de préserver sa délicatesse et son secret. Mais elle n'y réussit pas toujours ; et elle s'expose alors à des blessures d'autant plus perfides qu'elles peuvent paraître plus innocentes. Pour apprendre à supporter le mal, il faut lui faire sa part et savoir à l'avance qu'il est inséparable de notre condition, qu'il se mêle à toutes nos entreprises et menace toujours notre bonheur.

C'est beaucoup pour les hommes d'apprendre à se supporter, c'est-à-dire à vaincre l'hostilité que chaque être éprouve naturellement pour tout autre être dont il pense que la seule présence lui retire l'air, le ciel et la lumière. Mais parvenir à les supporter, c'est découvrir qu'ils sont inséparables de notre vie et qu'ils font corps avec elle : c'est commencer à les aimer.

Car l'indifférence est elle-même un équilibre entre la haine et l'amour : elle les tient en réserve comme une double possibilité qui éclate selon la rencontre de l'occasion et l'élection de la liberté.

C'est beaucoup d'avoir acquis à leur égard cette indifférence non pas négative, mais positive où un germe d'amour, s'il vient à y tomber, puisse prendre croissance.

III. - L'INDIFFÉRENCE DU SAGE

Il faut être impassible non seulement pour connaître les choses telles qu'elles sont, mais pour aimer les hommes comme ils le méritent. Ce qui laisse entendre que l'amour sous sa forme la plus parfaite n'est rien de plus que la connaissance des êtres, de leur valeur et de ce qu'on leur doit.

Il n'y a rien qui puisse nous donner autant de force à l'égard de nous-même et des autres que le sang-froid qui est la puissance de faire taire nos passions et de produire chez les autres la honte et le contrôle des leurs.

Le sage n'est pas celui qui est le plus insensible et qui connaît le moins d'oscillations intérieures, c'est celui qui sait reconquérir le plus vite cette indifférence attentive où toutes nos émotions viennent à la fois naître et mourir ; et quand tout est remis en place, il oublie toutes ces atteintes au point de ne plus comprendre comment il a pu en être un instant troublé.

Il semble que les esprits les plus vastes et les plus profonds n'entrent en sympathie avec aucune passion particulière. Alors on les trouve froids. C'est qu'aucune ne leur suffit et non point qu'ils les ignorent, car il y a en eux au contraire un foyer qui les alimente toutes à la fois, mais qui les consume toutes.

IV. - INDIFFÉRENCE ET HOSTILITÉ

Ce ne sont pas les sentiments que j'éprouve à l'égard d'autrui, ce sont ceux qu'il éprouve à mon égard qui constituent pour moi des chaînes, tantôt parce que je me sens incapable d'y répondre, tantôt parce que je ne réussis pas à m'en passer. Dès qu'ils subissent la moindre altération apparente, ils me jettent dans l'inquiétude par un effet de la vanité, par la rupture d'une habitude, par la perte d'une sécurité ou d'un appui dont la présence était devenue presque invisible. La pensée qu'ils me manquent suffit à me percer de mille petites flèches cruelles.

L'indifférence des autres est toujours pour nous une épreuve qui exige que nous cherchions à nous suffire dans la solitude. Et pourtant il arrive que la bonté de Dieu aille jusqu'à nous retirer les amitiés que nous avons le plus recherchées lorsqu'elles ne peuvent plus produire en nous que des blessures.

L'hostilité, dit-on, vaut mieux que l'indifférence. Car dans l'indifférence un autre est pour nous comme s'il n'était rien, c'est l'indifférence qui l'anéantit. Au lieu que l'hostilité le relève en face de moi comme un autre moi avec lequel je me mêle et me mesure. Mais c'est un sophisme. Car l'indifférence ne conteste pas avec l'existence d'un autre. Elle l'ignore et la laisse à sa propre garde et à la garde de Dieu. Au lieu que cet intérêt que l'hostilité lui porte ne pense qu'à l'empêcher d'être et la rejeter au néant.

Ceux que nous appelons nos ennemis ne sont souvent que différents de nous. Ils ne pensent point à nous, il leur suffit de vivre séparés de nous, dans un autre monde où ils ne nous rencontrent pas. C'est ce que nous leur pardonnons le moins. Car nous ne comptons pas pour eux. Nous sommes pour eux comme rien. De là naît en nous une sorte d'hostilité qui est seulement l'envers de l'amour de soi, qui est d'autant plus parfaite qu'elle n'a point de griefs et à laquelle l'indifférence elle-même est un premier remède, avant que cette différence même qui nous oppose nous unisse et change notre haine en amour. Ainsi quand on sent la haine sur le point de naître, l'indifférence nous aide à supporter celui que l'on hait : mais c'est seulement l'effet de la sainteté de convertir la haine en amour.

V. - *LE DISSENTIMENT*

Le dissentiment entre deux êtres s'accuse comme irrémédiable lorsque au moment où l'un avoue presque sans le vouloir son intérêt le plus secret l'autre se sent lui-même à son égard d'une incomparable froideur.

L'indifférence peut être considérée comme un remède à la jalousie. Mais il faut se méfier de cette fausse indifférence qui est un effet de l'amour-propre et consiste à mettre à néant les biens que l'on n'a pas tant on juge comme au-dessus d'eux tous les biens que l'on a.

Il vaut mieux avoir auprès de soi quelqu'un qui ne pense rien ou de tout autre chose que quelqu'un qui pense les mêmes choses, mais dans une perspective toute différente. Car nos pensées ont vite fait alors de se croiser et de s'entraver. Elles cèdent rapidement la place à tous les mouvements de l'opinion et de l'amour-propre. Au contraire, la présence de quelqu'un qui ne pense rien et se contente de vivre, ou de quelqu'un dont les pensées sont très éloignées des nôtres et qui semble appartenir à un autre monde nous prête souvent un appui silencieux comme la nature, sur lequel notre regard intérieur lui-même aime parfois à se poser.

VI. - REMÈDE DE L'INDISCRÉTION

L'indifférence est le remède de l'indiscrétion. Et la frontière qui les sépare est la mesure de notre délicatesse. Il n'y a rien qui puisse nous demeurer indifférent ou étranger parce qu'il n'y a rien dont nous soyons séparé et dont nous n'ayons la responsabilité. Il n'y a point d'entreprise dans le monde dont nous ne voulions qu'elle soit bien conduite et à laquelle nous ne soyons disposé à prêter assistance si Dieu nous en donne l'occasion et les moyens, ce qui est sa façon de nous le demander. La règle suprême à l'égard des autres hommes devrait être celle-ci : Agis toujours de telle manière que tu leur fasses aimer la vie qu'ils portent en eux et le monde où ils habitent.

Le sage prévient toutes les demandes et ne répond à aucune. Non pas qu'il soit pour ceux qui l'entourent comme le soleil et la pluie pour le laboureur qui ne dispose que de leur usage. Il imite Dieu qui ne veut point connaître d'autres demandes que ces demandes profondes et informulées qui auraient honte de s'avouer, et qui reste sourd aux cris et aux supplications par lesquelles les âmes pleines de bassesse et de colère semblent toujours tenter de l'apitoyer et de lui forcer la main. Il ne veut pas de ces prières chargées de reproche et par lesquelles il semble que l'on veuille soumettre sa volonté à la nôtre, au lieu de faire le contraire.

VII. - RÉPONSE À L'INJUSTICE ET À LA HAINE

L'indifférence parfaite ne comporte pas de degrés. Mais elle n'est qu'une limite difficile à atteindre : l'opinion nous retient toujours par quelque fil. Et elle est plus méritoire encore à l'égard de l'estime que l'on nous rend qu'à l'égard du mépris dont on nous accable.

La valeur même d'un homme s'exprime par la manière dont il réagit devant la haine. La grandeur de Socrate, ou de Jésus se reconnaît surtout à la manière dont ils supportent l'injustice de leurs ennemis.

Celui qui craint d'affronter la haine d'autrui ne peut rien.

Le mal de la calomnie, dit saint François de Sales, ne se guérit jamais si bien qu'en méprisant le mépris et en témoignant par notre fermeté que nous sommes hors de prise.

Il y a une certaine pureté, une certaine intransigeance, une certaine inaccessibilité spirituelle qui provoque les outrages et le mépris, au lieu de les repousser. Il ne faut point les craindre, ce qui est un effet de la lâcheté, ni s'en réjouir, ce qui est un effet de l'amour-propre. Il faut leur demeurer insensible. De là le mot d'Isaïe, ch. L. 7 : « C'est pourquoi j'ai rendu mon visage semblable à une pierre très dure et je sais que je ne serai pas confondu. »

VIII. - SUPPORTER LA PRÉSENCE DES AUTRES

Il arrive qu'il y ait entre les hommes un accord purement négatif et apparent qui se fonde moins encore sur cette séparation où chacun tolère l'autre parce qu'il l'ignore que sur cette honte et ce défaut de courage qui aboutit pour chacun d'eux à s'effacer, à s'abolir, à retourner vers cet état d'indifférence qui est celui de l'existence pure avant que les individus aient commencé à l'assumer.

Cependant il faut apprendre à supporter la présence des autres hommes avant d'apprendre à les aimer. Et ce n'est pas toujours facile. Mais c'est le premier pas qu'il faut franchir. Ensuite seulement on pourra viser plus haut.

Le difficile c'est d'accepter d'abord qu'ils diffèrent de nous. Car de les vouloir comme différents de nous, c'est trop demander puisque c'est cela même qui s'appelle les aimer. Et si nous ne pouvons pas les aimer, à défaut de les haïr, c'est-à-dire de désirer les anéantir, il faut leur laisser une place dans le monde où nous vivons. C'est donc toujours un bon signe de voir les faiblesses des autres sans leur en vouloir. Autrement c'est la nuit ou la guerre.

Il faut même s'attendre à voir les autres hommes nous repousser jusque et surtout dans les parties les meilleures de nous-même. Sans cette précaution, on se trouve sans défense, prêt à tous les doutes et à tous les découragements. Leurs calomnies elles-mêmes nous instruisent : car elles nous révèlent comme proche de nous et même comme déjà présent en nous à l'état de germe ou de simple possible un mal ou un péril que sans elles nous n'aurions point soupçonné.

Chapitre IX
LA HAINE

I. - POSTÉRITÉ DE CAÏN

Le propre des hommes de l'âge de fer, c'est de se haïr, selon Hésiode. Mais c'est un âge qui commence avec la naissance de l'homme et qui ne se termine qu'avec sa mort. Peut-être faut-il dire que les hommes sont ennemis les uns des autres dans les parties animales de leur nature, qui sont inséparables de l'instinct et du corps. Ce sont celles par lesquelles notre vie se manifeste et même auxquelles il faut la réduire si on la considère comme s'identifiant avec la nature. Adam portait dans sa semence toute la postérité de Caïn. Mais si Abel est la figure de l'esprit il se passait par contre de postérité. Car la partie spirituelle de l'homme est invisible et secrète, fragile et toujours menacée. Il faut toujours la régénérer et la ressusciter ; et si on la considère comme la fleur la plus exquise de la nature elle vit pourtant à ses dépens et doit sans cesse la consumer.

L'origine de la haine est beaucoup plus profonde et plus métaphysique qu'on ne pense. Il y a une haine profonde et irréductible qui naît dans un être à la vue d'un autre être dont la seule présence dans le monde semble condamner la sienne. Alors il cherche à le détruire. C'est un effet de l'instinct de conservation.

La haine est l'effet de cette séparation qui voudrait ériger le moi en absolu et qui, ne pouvant y parvenir, convertit en rage son impuissance et cherche à anéantir toute existence qui le limite ou qui lui fait obstacle. C'est pour cela qu'il y a des hommes qui haïssent non pas seulement tous les hommes mais l'univers entier et tout ce qui le remplit.

Il y a ainsi une volonté destructrice qui est inséparable de l'action humaine. Elle s'applique à tous les objets qu'elle rencontre devant elle et qui limitent son libre jeu. L'enfant est impatient de détruire son jouet et le conquérant l'œuvre des siècles, le blasé de disqualifier tous les sentiments et le sceptique toutes les idées. Que d'hommes ainsi, devant tout ce qui se montre ou tout ce qui s'affirme ne pensent ni à le comprendre ni à l'admirer, mais à le diminuer ou à l'anéantir. Ce qui apparaît mieux encore dans cette sorte de frénésie avec laquelle on cherche à faire disparaître la vie partout où on la voit surgir, comme si la vie revendiquait partout son indépendance contre la volonté de l'homme et lui disputait toujours une part de son domaine.

Le propre de la force n'est-il pas souvent d'aller jusqu'à créer les ennemis mêmes qu'elle cherche ensuite à détruire ? Mais il y a une autre force qui est spirituelle et qui peut détruire aussi l'ennemi mais parce qu'elle le change en ami.

On connaît le terrible proverbe de l'arabe : « la forêt précède l'homme, le désert le suit », la forêt où se multiplie toute la vie de la nature, le désert où l'homme est toujours seul. Mais le proverbe arabe peut être transfiguré : en faire une application à la vie spirituelle, c'est convertir à tout moment de l'existence notre société de chacun avec les autres en une solitude de tous avec Dieu.

II. - LA HAINE EST INSÉPARABLE DE L'EXISTENCE

Il y a entre les hommes de telles différences de nature et de niveau, et même de telles contradictions mutuelles que chacun doit accepter de n'être pas compris et même d'être haï. Il n'y a point d'homme qui puisse éviter de l'être. Comme on le voit dans la faune animale, chaque type d'existence engendre les ennemis qui lui sont propres. Aussi, tout effort que nous faisons pour nous concilier nos ennemis et pour les adoucir, l'estime même ou l'admiration que nous pouvons leur montrer ne font qu'aiguiser leur haine et empirer notre sort. Il faut que cela vienne d'eux et non point de nous. Et on ne doit jamais oublier le mot terrible de Rousseau que le monde est plein de gens qui me haïssent pour tout le mal qu'ils m'ont fait.

Dira-t-on que l'on ne choisit pas ses ennemis, qu'on se contente de les subir ? Mais ce n'est là qu'une apparence. On les choisit à son insu. Car leurs attaques visent en vous l'être que vous êtes, et en allant plus profond, l'être que vous vous plaisez à être, c'est-à-dire que, à chaque instant, vous choisissez d'être.

Il faut donc avoir des ennemis. Autrement on n'est rien. On manque de ce relief qu'ils cherchent justement à aplanir. Mais nos véritables ennemis, les seuls avec lesquels nous devions nous mesurer, sont ceux qui sont à notre hauteur. Et tout le monde sait qu'il n'est pas vrai qu'il faille toujours mépriser ses ennemis, mais qu'il est difficile de trouver toujours des ennemis dignes de soi.

Il y a de la lâcheté à ne pas combattre ses ennemis. Car ils sont les ennemis non pas seulement de nous-même, mais en nous-même de ce que nous avons, de ce que nous voulons de meilleur. Autrement, et s'ils cherchaient à détruire en nous le pire, ce seraient nos amis et non pas nos ennemis. Il est beau de reconnaître le caractère fatal de la lutte, de l'accepter comme un devoir que nous avons à remplir, mais sans y employer aucune haine. C'est pour cela que Lagneau dit qu'il faut « être uni à Dieu et combattre ses ennemis pour Dieu et jamais pour soi ».

Il ne faut donc pas penser que l'on puisse, jamais abolir la haine. Elle est inséparable de l'existence. Car tout être, dans la mesure où il ne reste pas dans le silence de sa propre possibilité, où il manifeste ce qu'il est ou ce qu'il veut être, commence à occuper une place dans le monde dont il y a toujours un autre être qui cherche à le chasser. Il n'y a pas d'existence qui, dès qu'elle s'affirme, ne cherche à envahir le monde : elle est une participation au tout, qui cherche à égaler le tout et ne peut s'assigner à elle-même aucune mesure. Elle ne rencontre autour d'elle que d'autres formes d'existence qui la nient et qu'elle nie. Elle ne peut faire aucun pas sans que des ennemis naissent partout autour d'elle.

III. - LA HAINE, COMME L'AMOUR VISE L'ESSENCE

Il n'y a de haine véritable que celle qui comme l'amour n'a pas besoin de raisons, mais qui transforme en raisons toutes les circonstances et tous les événements, les vertus aussi bien que les vices, les bienfaits ou les préjudices, la sympathie autant que l'hostilité, et le bonheur des autres comme leur malheur. Tout ici leur est prétexte. Et, comme l'amour, il n'y a rien qui ne contribue encore à l'accroître et qui ne puisse se transformer en sa propre substance. L'amour et la haine cherchent toujours à se couvrir de prétextes : mais ils n'en ont pas besoin : car ils visent l'essence et non point les modes. Nous ne reprochons aux hommes ce qu'ils font que pour atteindre ce qu'ils sont.

Et ce qui le prouve c'est que la haine comme l'amour survit à la mort elle-même. Elle suffit à fournir comme l'amour une sorte de preuve de l'immortalité. À la mort l'amour mesure tout ce qu'il a perdu. Mais la haine elle aussi donne toute sa mesure dans le jugement qu'elle porte sur son ennemi, une fois qu'il est mort. Il arrive qu'à ce moment-là surtout, comme le roi devant le cadavre de Guise, elle le trouve trop grand.

Mais s'il est vrai que l'amour et la haine cachent une relation mystérieuse entre les essences particulières, il n'arrive qu'aux plus grands de s'élever au-dessus d'elles, en abolissant tout à la fois cette haine qui oppose les individus comme des ennemis, et cet amour qui les unit comme des complices, pour envelopper tous les êtres dans un amour de charité qui ne connaît plus d'eux que leur commune origine et leur commune destinée.

IV. - VERITAS ODIUM PARIT

Mais l'individu, en tant qu'il se distingue et s'affirme comme tel est toujours un objet de haine, non point tant de la part d'un autre individu, qui revendique avec lui et souvent contre lui les mêmes avantages, que de la part du « commun » qui repousse la séparation et voudrait abolir dans le monde tout ce qui porte le caractère de l'originalité et de l'indépendance. Mais les choses ici sont si étroitement liées que l'on peut dire indifféremment que c'est l'individualité, c'est-à-dire la séparation, qui engendre la haine, et que c'est la haine qui engendre à la fois la séparation et l'individualité.

Les hommes les plus haïs sont ceux qui se distinguent le mieux non pas tant de nous-même, que de la foule avec laquelle nous voudrions les confondre. Ce sont les individualités les plus accusées et dont nous savons qu'en aucun cas elles ne nous céderont d'un pouce. Car nous ne réussissons ni à les faire entrer dans notre jeu, ni à entrer nous-même dans ce jeu supérieur où elles se meuvent et où elles n'ont besoin ni de partenaire, ni de témoin.

Nous haïssons toutes les formes de la supériorité parce qu'elle nous humilie. Nous refusons de la reconnaître. Nous cherchons toujours à la nier ou à la détruire. Car elle exige toujours l'aveu du peu que nous sommes, et que nous ne voulons jamais faire, un acte d'admiration ou d'amour qui nous coûte toujours à accomplir.

Mais on déteste plus encore les autres hommes pour les dons qu'ils possèdent que pour les vertus qu'ils ont pu acquérir. Car celles-ci on peut espérer que notre volonté est capable de les obtenir, mais non point ceux-là. Voyez l'exemple de ce pauvre Mozart, si haï parce qu'il était charmant, parce qu'il était heureux. C'est ce que les hommes pardonnent le moins.

Il faut bien que ceux qui se trouvent démunis de tout s'attaquent pour essayer de les rendre malheureux et de leur montrer leur faiblesse à ceux qui ont reçu toutes les faveurs de la nature ou de la fortune, car autrement ceux-ci seraient trop heureux ; les dons qu'ils ont reçus les mettraient toujours dans une sorte d'ivresse dont ils ont besoin qu'on les réveille. Et ceux qui en prennent la charge obtiennent une sorte de compensation dans la joie amère qu'ils éprouvent à troubler un bonheur qui paraissait jusque-là si assuré et si tranquille.

Le propre d'un grand esprit, c'est la puissance même avec laquelle il participe à l'infinité de l'Être, de telle sorte que non seulement il est imité et envié dans tout ce qu'il possède, mais que, faisant saillir en même temps tout ce qui lui manque, il le suggère ainsi à d'autres, qui s'en servent pour le combattre et le haïr.

Mais il ne peut plus en être blessé, car il n'a pas assez d'amour-propre pour en sentir la pointe.

Malebranche cite ce proverbe terrible : Veritas odium parit. Il faut que tout homme qui témoigne en faveur de la vérité soit persécuté : car c'est l'opinion, c'est-à-dire l'erreur, qui domine le monde. Mais il faut qu'il accepte la persécution comme un témoignage que le monde lui rend. L'applaudissement au contraire doit l'inquiéter et lui faire penser non pas qu'il a su imposer ou communiquer la vérité, mais que la vérité, telle qu'il l'entend, ne diffère pas de l'opinion la plus fausse et la plus commune.

Cependant toute valeur se reconnaît comme la vérité à la puissance même de la haine qui ne cesse de la poursuivre. Il y a toujours une haine qui est prête à éclater contre la lumière, le bonheur, la force, toutes les formes de la réussite ou de la grandeur. Car ce sont les sources ou les effets de l'amour. Et la haine la plus profonde et la plus tenace est la haine de l'amour ; si elle pouvait aimer, elle n'aimerait que la haine, du moins est-elle toujours prête à faire alliance avec elle contre l'amour.

Et le poète du psaume ne pense qu'à cette haine dont il est l'objet quand il demande que Dieu le délivre. Les apôtres étaient eux aussi les hommes les plus haïs. Et on lit dans l'Éternelle Consolation (I,i) : « Jésus-Christ eut des adversaires et contredisant et tu veux toutes gens avoir tes amis et bienfaiteurs. De quoi sera ta patience couronnée, si contre toi ne vient aucune adversité ? »

Un dieu parmi les hommes est toujours voué à être crucifié. Et il semble qu'il se soit donné à lui-même un corps pour être capable de l'être. Car sa sensibilité ne cesse d'être déchirée ; elle souffre jusqu'à l'épuisement. Il ignore toutes les règles que les hommes se sont données, il les transgresse et passe toujours au-delà. Il est pour chacun d'eux un reproche vivant qu'il faut bannir de la terre et obliger à regagner le ciel.

V. - *HAÏR LE MAL ET NON LES ÊTRES*

Nos ennemis justifient facilement leur haine parce qu'ils paraissent s'en prendre à la partie la plus mauvaise de notre nature, à nos erreurs et à nos fautes. Mais ce n'est là qu'un prétexte dont leur haine se couvre. Car c'est la partie la meilleure de moi-même qui est l'objet véritable de leur haine, et moins encore le bien qui est en moi que le fait qu'il est en moi. Ainsi on peut dire de toute haine qu'elle a la forme de la jalousie.

Comment haïrait-on les défauts des autres : on ne peut que les plaindre, et il arrive qu'ils servent notre vanité. Les vices que nous leur voyons trouvent en nous beaucoup de complaisance, soit parce qu'ils nous manquent, et que nous éprouvons alors une sorte de gratitude à l'égard de ceux qui les possèdent de nous donner sur eux le sentiment de valoir mieux qu'eux — au moins sur ce point — soit parce qu'ils servent par leur exemple à excuser les nôtres et qu'ils créent ainsi entre eux et nous une sorte de fraternité. On ne hait que leurs qualités : on se sent incapable de les acquérir, elles sont pour nous un reproche de tous les instants.

Mais, quand on hait un autre être pour ses qualités, ce sont ses défauts que l'on allègue contre lui, de telle sorte que la haine qui est toujours mauvaise paraît toujours légitime, même à celui qui en est l'objet. Quand un autre me hait, je ne puis jamais être assuré que ce ne soit pas pour quelque bonne raison. Ainsi la haine plaide toujours pour Dieu qu'elle cherche toujours à venger. C'est en son nom qu'elle condamne les autres ou qu'elle nous condamne quand elle se tourne, comme il arrive, contre nous-même. On met le devoir, la valeur et Dieu même en cause pour justifier les haines les plus fortes. Mais c'est quand elle invoque les motifs les plus justes qu'elle a le plus de fiel : à travers moi, c'est Dieu même qu'elle vise.

Haïr un autre être, ce n'est pas haïr le mal que l'on voit en lui et qu'on ne saurait haïr que par amour pour l'être lui-même. Pour haïr celui-ci, il faut se réjouir du mal qui l'afflige, aimer le mal dont il souffre ou qui le dégrade. Il faut d'abord haïr le bien qui est en lui et que l'on voudrait détruire : car il aiguise la haine en la rendant sans excuse. Ainsi le lâche n'admire pas le héros, sinon dans la mesure où c'est l'admiration qu'il a pour lui qui fortifie sa haine et qui la nourrit. Au contraire, aimer un autre être, c'est aimer en lui à la fois le bien qu'il possède et le bien qu'on voudrait lui donner et qui, en s'incorporant à lui, le rendrait de plus en plus digne d'être aimé. Ainsi, la haine et l'amour cherchent également dans le bien et le mal, mais en sens inverse, les moyens de se justifier et de s'accroître indéfiniment.

Mais aimer un autre être dans ce qu'il a de mauvais et le détester dans ce qu'il a de bon, ce sont là seulement deux formes différentes de la haine : l'apparent amour du mal n'est qu'un moyen de s'en défendre, ou d'en devenir complice, mais non point un amour véritable.

Lucifer n'aime pas les méchants : il jouit en eux de sa propre haine et d'y précipiter tous ceux qu'il a réussi à séduire. Ainsi la communauté de la haine ne fait pas l'amour. C'est seulement par une sorte de contradiction que l'on peut imaginer qu'il y ait de l'amour entre les démons, car chacun d'eux ne peut aimer dans un autre que le mal qu'il voit en lui, ce qui est l'essence même de la haine.

VI. - HOSTILITÉ CONTRE SOI-MÊME

Celui qui est le plus proche d'eux est souvent celui que les hommes haïssent le plus. Car ils reconnaissent en lui leur image qui les humilie. Et ils craignent toujours que son regard ne les pénètre ou que leur sympathie les diminue. Comment ne pas éprouver de la haine à l'égard de celui qui sait ce que vous êtes parce que vous êtes ce qu'il est, et qui vous voit tel que vous êtes et non point tel que vous voulez paraître ?

Mais l'examen de la haine vérifie assez bien cette identité des rapports avec soi et des rapports avec autrui sur laquelle repose toute notre connaissance de l'homme. Car si celui devant qui on a honte d'être ce que l'on est est presque toujours un objet de haine, il y a en moi aussi un témoin qui a honte de soi et de voir qu'il n'est rien de plus que ce qu'il est ; mais en moi aussi cet autre moi est sourdement haï.

L'hostilité n'est pas toujours un effet de la jalousie. Car il arrive que j'aie autant d'hostilité à l'égard de moi-même qu'à l'égard d'autrui. Je souffre alors de ma misère et de ne pouvoir la relever aux dépens de la vôtre qui, au lieu de l'excuser, la confirme. Mais cette misère même, il faut l'aimer pour la soulager et non point en faire grief à celui qu'elle afflige, que ce soit moi ou un autre, et le transformer en victime. Suffira-t-il de dire que c'est une haine légitime que celle qui hait en vous ce que je hais aussi en moi ? Mais la personne ne doit être qu'un objet d'amour et les puissances du mal qui sont en elle doivent être converties plutôt que haïes. Quand on reproche à autrui de manquer de certaines qualités que l'on n'a pas, mais que l'on voudrait avoir, c'est souvent une hostilité contre soi, mais qui dissimule beaucoup de tendresse à l'égard d'autrui comme à l'égard de soi ; c'est une sorte d'exigence idéale qui est un effet de l'amour plutôt que de la haine.

VII. - *LA HAINE, SOURCE DE TOUS NOS MALHEURS*

La source de tous nos malheurs réside dans la haine, non pas seulement en tant que nous en sommes l'objet, mais en tant que nous l'éprouvons nous-même à l'égard d'autrui. Celui qui saurait en abolir les racines serait parfaitement heureux. Mais il n'y parviendra sans doute jamais, et en attendant la sagesse est d'en connaître et d'en accepter la présence du fond des autres et de soi.

Il arrive, il est vrai, que le mal soit souvent un effet de l'amour-propre ou de l'égoïsme plutôt encore que de la haine. Mais alors il engendre lui-même la haine à la fois pour se justifier et pour se venger.

La haine produit la haine et en apparence la justifie, au nom du principe que le semblable produit toujours le semblable. Et le paradoxe le plus triste, c'est que celui qui ne hait pas est pourtant toujours le plus haï.

Mais le pire dans la haine dont je puis être l'objet, c'est qu'elle produit en moi cela même qu'elle me reproche souvent si injustement. Comment n'en serait-il pas ainsi ? Tout reproche que l'on peut me faire me donne une sorte d'insécurité et éveille en moi une pensée, une intention que peut-être je n'avais jamais eues.

Toute la nature humaine est en moi, et il suffit de la moindre suggestion pour que je découvre en moi et commence à rendre réel ce mal même dont on me soupçonne.

Il y a différentes attitudes possibles à l'égard de la haine dont on est l'objet. La tristesse ou bien la colère, qui sont des effets de l'amour-propre, mais alors cette haine que nous recevons éveille encore une autre haine qui lui répond, c'est toujours la nature qui parle, — l'indifférence qui est plus méritoire parce qu'elle maîtrise déjà l'amour-propre, alors la haine semble amortie, mais ce n'est qu'une illusion ; elle cesse de nuire mais on ne lui ôte pas son venin qui parfois s'enflamme davantage, — la bienveillance ou la bonté qui la convertit, et qui se fonde sur le sentiment que nous la méritons et sur le service qu'elle nous rend en nous empêchant de nous enorgueillir.

Il est difficile de ne pas haïr ses ennemis, plus difficile encore de n'être point irrité par la haine qu'ils nous vouent, incomparablement plus difficile de penser que ce qu'ils haïssent en nous, c'est quelque mal qui en effet s'y trouve et que nous avons beaucoup de mal à reconnaître. Mais le plus difficile de tout, c'est de les aimer.

Les uns reconnaissent que les hommes sont méchants : mais ils désespèrent qu'il en soit autrement : ils se résignent à les imiter en retrouvant en eux les mêmes instincts ; ils finissent par y céder par lâcheté ou par crainte d'être dupes. Quelques-uns ne se laissent pas ébranler par les méchants : ils savent leur opposer une surface parfaitement lisse, mais parfaitement dure sur laquelle les coups n'ont pas de prise mais glissent ou rebondissent. Les plus rares s'obligent à faire effort afin de surmonter la haine en eux-mêmes et en autrui, et de la convertir. Mais c'est là la tâche la plus dure et que l'on ne tente pas toujours.

Comment haïrait-on encore les méchants quand on s'est aperçu que les méchants sont aussi des malheureux ? Ainsi il faudrait avoir de la commisération pour ceux qui nous haïssent sans le leur faire sentir pourtant et sans y mêler une ombre de mépris : et on réussirait peut-être à les apaiser si on éprouvait pour eux un peu d'amour.

VIII. - L'OMBRE DE L'AMOUR

Bien que l'amour engendre toujours l'amour et la haine la haine, on est tenté parfois de se demander si dans le parfait équilibre du monde où toutes les choses s'égalisent, et pour qu'il ne soit pas rompu, il peut exister un seul mouvement d'amour qui ne suscite pas quelque part une haine qui cherche à l'abolir, s'il existe un seul mouvement de haine qui ne suscite pas quelque part un amour qui cherche à le réparer.

La haine et l'amour sont deux contraires. Et c'est pour cela que l'on passe souvent de l'un à l'autre. Ainsi il arrive que le oui qui sent sa faiblesse se convertisse en non : mais c'est l'aveu de sa défaite, comme la plus grande victoire et la plus rare, c'est que le non se convertisse en oui. Mais il y a un amour qui est au-delà de l'amour et de la haine, transcende ces deux contraires et montre dans l'amour qui a la haine pour contraire un amour encore insuffisant et imparfait qui rencontre en elle ses limites et qui fait de la haine elle-même une volonté d'amour toujours impuissante et toujours déçue.

Il est donc dans la destinée de l'amour d'absorber en lui la haine. Et c'est encore le besoin et l'impuissance d'aimer qui ne laisse plus subsister dans l'âme que la haine comme l'ombre immense de l'amour.

En cherchant à s'entre-détruire, les êtres cherchent à détruire leur existence séparée. On a vite fait de dire que chacun aspire à demeurer seul sur les ruines du monde. Mais c'est là peut-être une illusion. Car dans cette lutte chacun est toujours prêt à périr. Ce qui pourrait témoigner chez tous les deux d'une volonté secrète d'abolir leurs limites, c'est-à-dire de s'unir.

Chapitre X
AMOUR ET AMITIÉ

I. - LA CONNAISSANCE VA AUX CHOSES

Le propre de la connaissance c'est de s'appliquer seulement aux choses en tant qu'elles sont là présentes devant moi comme déjà faites, déjà réalisées. Et l'on pourrait dire que connaître, c'est transformer toute réalité en chose. Aussi n'y a-t-il pas proprement de connaissance des personnes, ni de soi, ni d'autrui. Car une personne est un être instable qui ne cesse de se faire lui-même, dont la réalité est toujours en suspens et qui, par la liberté dont il dispose, dépasse toujours ce qu'il était et déçoit sans cesse toutes nos prévisions. Une personne, c'est seulement un jeu de puissances dont l'exercice dépend d'un acte qui n'est rien avant de s'accomplir. Tout au plus peut-on dire que ces puissances ont besoin des choses pour s'exercer de telle sorte que la connaissance des choses est comme un vaste miroir dans lequel nous apprenons à connaître toutes les puissances qui sont en nous.

La connaissance des autres semble parfois plus aisée que la connaissance de soi. Car celle-ci ne peut pas immobiliser cette liberté par laquelle à chaque instant je change ce que je suis. J'y réussis plus facilement quand il s'agit d'autrui, qui est hors de moi, dont je ne dirige pas les mouvements et que je puis plus aisément transformer en chose. Mais que je le fasse, c'est là un mauvais signe. Et celui qui cherche trop délibérément à connaître autrui, c'est toujours pour l'utiliser à ses propres fins. Ou bien il vise dans cette connaissance une satisfaction qui ne va jamais tout à fait sans malignité. Mais les autres pas plus que moi ne sont des êtres déterminés et circonscrits. Ce sont comme moi des possibilités pures, les foyers d'une activité toujours nouvelle et non point des mécanismes qui se répètent toujours. Il y a en eux sans doute des parties pétrifiées et mortes mais qui leur appartiennent à peine. Il faut avoir assez de charité pour ne pas vouloir les y réduire. Et l'on voit bien toute la différence qu'il y a entre des êtres dont l'existence est toujours vivante et participante et des objets de connaissance auxquels le regard s'applique et qui peut saisir ce qu'ils sont parce qu'il ne sait rien de l'acte par lequel ils se font.

Le danger, c'est de considérer toujours à la fois les autres hommes comme des choses et de ne plus voir en moi-même qu'une chose qui est en relation avec d'autres choses. Mais le propre de l'amour, c'est de restituer en tout instant à vous et à moi et par la relation même qu'il établit entre vous et moi, une existence spirituelle et une dignité personnelle.

II. - *L'AMOUR VA AUX AUTRES ÊTRES*

Ainsi, on peut établir une sorte de comparaison entre la relation de la connaissance à l'égard des choses et l'amour à l'égard des personnes. L'amour est dirigé vers un autre être qui n'est pas nous comme la connaissance est dirigée vers un corps qui n'est pas le nôtre. Ainsi, l'amour de soi que l'on appelle quelquefois égoïsme est parallèle à la connaissance de soi. Et comme celle-ci n'est pas une connaissance véritable, l'amour de soi n'est pas un véritable amour. Et comme on dit que la connaissance de soi replie toutes les autres connaissances vers son propre foyer, il en est ainsi de l'amour de soi : et comme il n'y a de connaissance de soi que par la connaissance du monde, il n'y a d'amour de soi que par l'amour des autres. Seule la connaissance du monde est capable d'enrichir l'idée que nous avons de nous-même ; seul l'amour des autres peut nous rendre heureux et atteindre le but que poursuit l'amour de soi. Et comme il faut cesser de penser à soi pour connaître le monde, c'est presque la même chose de s'oublier soi-même et d'aimer les autres. Il faut le même désintéressement pour connaître que pour aimer. Et comme la connaissance du monde est altérée dès qu'il s'y mêle la moindre opinion qui vient de soi, ainsi l'amour d'autrui succombe dès qu'il s'y mêle la moindre arrière-pensée à l'égard de soi. La connaissance la plus parfaite échappe à la méthode et aux règles : c'est une illumination, une évidence qui m'est apportée. Mais l'amour aussi échappe à la volonté et au calcul ; je le reçois comme un don qui me surprend et qui me comble.

Je ne connais les autres hommes, je ne crois réellement à leur existence qu'à proportion de l'amour que j'ai pour eux. Ce qui est vrai à la limite de la connaissance que j'ai de Dieu et même de la croyance que je puis avoir dans son existence. Dieu qui est amour disparaît du monde là où manque l'amour. Au contraire, l'amour le trouve toujours devant lui, il le porte toujours en lui. On n'aime qu'en Dieu et par Dieu. Ainsi on peut dire que l'amour est réellement créateur de son objet : il est la substance même de l'objet aimé. Son rôle est de faire être les âmes comme les corps. Ainsi la vie spirituelle est un unique secret qui est indivisiblement le secret de Dieu et le secret commun de chacun et de tous.

III. - L'AMOUR EST LA DÉCOUVERTE D'UN INFINI

On dit que les hommes se rapprochent les uns des autres par la communauté du savoir. Mais ce n'est pas vrai ; le savoir ne nous rapproche que de l'objet. Et il peut m'éloigner de moi-même aussi bien que d'autrui. Il ne suffit pas à créer cette communication réelle qui oblige chacun d'eux à la découverte de la partie la plus intime de lui-même et en ouvre l'accès à un autre être : il y faut l'amour.

Nul ne peut se connaître aussi bien qu'il peut connaître un autre homme lorsqu'il le considère avec l'esprit de charité et qu'il ne pense qu'à le servir.
Il ne suffit pas que je vous respecte, il faut à la fois que je vous respecte et que je vous aime. Et pour cela, il faut non seulement que j'accepte que vous soyez ce que vous êtes mais que je m'en réjouisse. Je ne suis véritablement uni à vous que si je vous découvre tel que vous êtes, que si je veux que vous soyez un être dans le monde non pas semblable à moi mais autre que moi. Et celui qui cherche toujours des choses nouvelles à la surface de la terre n'a qu'à ouvrir les yeux devant les êtres qui l'entourent et qui lui sont en apparence les plus familiers. Il s'aperçoit vite qu'il ne connaît que leur corps, leur comportement tout extérieur qui ressemble au sien propre ou du moins y répond. S'il était capable de traverser ces écrans, il découvrirait au-delà un être secret qui ne cesserait de produire en lui de l'étonnement et de l'admiration. Il est impossible qu'auparavant je puisse sentir que je suis uni à lui et que je l'aime. Ce qui fait que je l'aime, c'est qu'il me révèle toujours de nouvelles raisons de l'aimer : l'amour, c'est la découverte d'un autre être, c'est-à-dire d'un infini qui ne s'épuise jamais.
Il n'arrive pas toujours que l'on aime celui que l'on recherche et

que l'on admire. Il suffit que près de lui on se sente vivre et grandir. Mais l'amour demande autre chose : il demande une intimité réciproque, une solitude rompue et que l'être d'autrui soit mis par nous et en nous au-dessus de notre être propre.

IV. - AU-DELÀ DES CORPS

C'est le propre de l'amour physique de montrer que notre corps est incapable de se suffire et de chercher dans un autre corps cette unité même qui lui manque. Mais il ne peut y parvenir sans engendrer un nouveau corps qui montrera bientôt et la même ambition et la même impuissance. Ainsi, naît une chaîne qui ne finit pas, qui ne se referme jamais. Il en est tout autrement de l'amour spirituel qui engendre l'âme même de ceux qui s'aiment dans cette admirable réciprocité où chacun d'eux est à la fois aimant et aimé et dont l'amour physique n'est qu'une imitation dérisoire : ici l'union ressemble à un combat qui ne laisse en présence que deux vaincus. Mais de l'amour spirituel il faut dire non seulement que je le reçois à la fois et que je le donne mais encore que je le reçois dans l'acte même par lequel je le donne. L'union de deux êtres ne se fait plus dans l'enfant qui vient après eux et qui se détache d'eux ; elle se fait en eux et au-dessus d'eux, à savoir en Dieu qui est si on peut dire l'unité même de leur union. La vie des êtres dont je vois seulement le corps est toujours pour moi un singulier secret. Et la société qu'ils forment avec nous est faite d'incidences presque fortuites mais qui laissent derrière elles une immense zone d'ombre. L'amour est l'abolition de cette zone.

V. - L'AMOUR ÉCHAPPE À LA VOLONTÉ

Tout le problème de l'amour réside dans le rapport qu'il a avec le vouloir. Nous souffrons de ne pouvoir en disposer à notre gré. Et si nous le pouvions, il ne serait pas l'amour. Mais s'il échappe à notre volonté, c'est qu'il est en rapport avec une activité plus profonde et plus secrète dont on ne peut pas dire qu'elle le produit mais qui se confond avec lui. C'est de nous-même qu'il naît, c'est un don que nous recevons de nous-même, avant d'être un don que nous faisons de nous-même. Nous en devenons incapable si nous nous contentons de nous-même. C'est toujours un grief que l'on fait à quelqu'un en disant qu'il est incapable d'aimer. Et si l'on pouvait tout aimer, on ne cesserait de produire le bonheur à la fois en soi et autour de soi.

On peut penser que c'est la loi de l'amour d'engendrer toujours l'amour et qu'il n'y a d'amour véritable que l'amour réciproque. Mais quand on nous commande d'aimer les autres hommes, ce n'est point pour être aimé en échange. Ce n'est là qu'un signe que l'amour est comblé. Il faudrait les aimer encore même si la haine était notre salaire.

Dans l'amour que tu as pour un autre être ou pour les hommes en général tu peux connaître fidèlement l'amour qu'il a ou qu'ils ont pour toi. Il n'en est pas du désir comme de l'amour.

Tout amour qui s'interroge sur lui-même, sur sa sincérité, sur sa profondeur, sur la valeur de son objet, est un amour que nous détruisons de nos propres mains. Et pourtant, c'est la vie même de l'amour qui n'est rien s'il n'est pas toujours inquiet et menacé : il faut qu'il se nourrisse de sa propre substance et qu'il ne cesse pourtant de la consumer.

L'amour est la cause de toutes nos souffrances, mais il les guérit toutes.

VI. - *MARS ET VÉNUS*

Il y a une ambiguïté inséparable de notre vie et sans laquelle notre liberté n'aurait pas à entrer en jeu. Celle-ci implique toujours un choix entre l'esprit et le corps. On le retrouve jusque dans l'amour des corps et dans deux corps qui s'unissent, il y a toujours volonté d'anéantissement, soit que chacun pense anéantir l'autre dans sa propre jouissance totale et séparée, soit qu'ils aient l'illusion de s'anéantir l'un l'autre dans une sorte d'excès où leurs âmes même viennent se toucher.

Ainsi l'amour n'est pas seulement le contraire de la haine ; il n'arrive pas seulement qu'il se convertisse en haine, mais il est un combat où la haine même entre comme élément.

Les hommes ont toujours associé Mars et Vénus, la guerre et l'amour. Mais l'association est beaucoup plus intime qu'on ne croit car c'est à Vénus que Mars fait la guerre et son amour est une guerre qui ne cesse de s'enflammer et de s'éteindre.

VII. - L'AMOUR ET LA PUDEUR

Le propre de l'amour, c'est d'abolir les unes après les autres toutes les barrières de la pudeur : mais il fait naître chaque fois une pudeur plus délicate qui rougit d'elle-même et tremble à la fois d'être respectée et de ne pas l'être.
C'est que l'amour est une relation purement spirituelle entre deux êtres. Or on craint toujours qu'il ne s'arrête au corps, c'est-à-dire à l'apparence : mais alors c'est l'être qui se refuse et non pas le corps. Et quand on dit que le corps se donne, le corps n'est qu'un témoin ; mais c'est l'être aussi qui se donne.
La pudeur pourtant met en lumière la vertu secrète de l'inhibition. Et il est presque inévitable que l'homme qui se retient d'agir finisse par découvrir toutes les puissances du monde spirituel. Ce que confirme l'exemple de la pudeur. Si on ne la confond ni avec un moyen de séduction plus subtil, ni avec un combat intérieur qui est une défaite plus grave que la défaite même, elle n'impose une barrière au corps que pour abolir cette barrière qui est le corps ; elle multiplie et affirme mes contacts spirituels avec tous les êtres ; elle est déjà une conquête de l'esprit pur.
Dans l'amour de Dieu comme dans l'amour des autres êtres, celui qui aime semble toujours adresser à l'autre cette muette prière : « Ne me repoussez pas sous prétexte que je ne suis pas encore assez près de vous, et qu'en croyant m'attacher à vous, je m'attache encore à ce qui me sépare de vous. Mais c'est vers vous que je veux aller ; donnez moi le moindre signe de votre amour pour que ce soit vous enfin que je trouve et que j'aime. »

VIII. - L'ALTER EGO

Il y a dans cette expression « un autre moi », et comme le latin semble le dire avec plus de force un **alter ego**, une sorte de contradiction. La logique ne suffit pas à la vaincre. Il y faut l'amour. Car il n'y a que l'amour qui puisse reconnaître à un autre la même existence qu'à moi, une existence indépendante de la mienne et pourtant dont la mienne dépend et qui sans se fondre avec elle est telle pourtant que je ne vis plus que par elle, de ce qu'elle me donne et de ce que j'en reçois.

Là où il n'y a pas d'amour, il n'y a pas pour moi de prochain : il n'y a que des étrangers, c'est-à-dire des choses.

Il suffit qu'il y ait un seul homme que j'aime dans le monde (ou que j'aie un seul ami) pour être réconcilié en lui avec l'humanité tout entière.

Le difficile est d'apprendre d'abord à supporter les hommes pour apprendre ensuite à les aimer. Et qui aime veut que les autres soient en effet ce qu'ils sont sans avoir à les supporter. Le propre de l'amour, c'est de n'avoir de regard au moins en vous que pour la meilleure partie de vous-même. Il sait la découvrir en vous, même si vous ne la montrez pas, même si vous l'ignorez. En moi, il est une attention toujours en éveil, une exigence toujours présente ; mais cette attention, cette exigence qui me détournent de moi et me tournent vers ce qu'il y a de meilleur en vous, c'est aussi tout ce qu'il y a de meilleur en moi.

IX. - *ABOLITION DE LA DUALITÉ*

L'amour dont il est l'objet tisse autour de chaque être une coque d'imperméable douceur qui le protège contre toutes les attaques, contre toutes les blessures. Sans lui, il se trouve livré sans défense à un univers hostile ou indifférent.

Celui qui est aimé est un dieu pour celui qui l'aime et qui l'adore et qui ne l'aime que s'il l'adore. Ce qui suffirait assez à prouver que l'amour, c'est Dieu même qui est présent au milieu de nous. Mais il y faut le rapport réciproque de celui qui aime et de celui qui est aimé. Car si c'est celui qui est aimé qui est adoré comme un dieu, c'est celui qui aime qui donne à l'autre ce qu'un dieu pourrait lui donner et c'est pour cela que dans l'amour véritable l'aimant et l'aimé ne sont pas deux êtres distincts mais que chacun d'eux est l'un et l'autre à la fois. Peut-on concevoir une unité plus active et plus vivante, où la dualité ne cesse de renaître mais afin de s'abolir, une forme d'union plus parfaite qui ne cesse à la fois d'être comblée et de se dépasser ?

X. - L'ÉLECTION

Les êtres que nous trouvons autour de nous et avec lesquels nous sommes appelés à vivre ne sont pas toujours ceux que notre préférence ou l'amitié nous aurait fait choisir. Mais il faut toujours préférer ce que nous avons à ce qui nous manque, le corps qui est à nous et la condition qui est la nôtre à un corps plus puissant ou plus beau, à une condition plus noble ou plus brillante. C'est avec ce corps, c'est avec cette condition que nous nous faisons notre destinée. Et de même nous devons faire l'apprentissage de l'amitié non point avec des êtres d'exception et que nous ne rencontrerons jamais, mais avec notre prochain qui est là devant nous et auquel nous ne pouvons point échapper. Le devoir nous enseigne à nous comporter vis-à-vis de tous les êtres comme Dieu le demande et selon ce qu'il attend de nous. Autrement la volonté serait inutile, le sentiment suffirait à tout.

Est-ce le hasard de la destinée qui nous révèle la rencontre d'un autre être dont la présence, devenue pour nous constante, tantôt borne notre vie de toutes parts et arrête tous nos élans et tantôt dilate chacun de nos états jusqu'aux limites de notre conscience et porte à sa perfection tout acte commencé et que sans son entremise nous n'aurions pas su achever ? Est-ce la liberté au contraire qui sans qu'elle le sache appelle et élit un autre être comme un instrument et un témoin qui découvre et met en œuvre toutes les possibilités que nous portons au fond de nous-même ?

XI. - TOUT HOMME EST UN AMI POSSIBLE

Quel que soit l'être qui est devant nous, quelle que soit la distance qui nous en sépare et les blessures mêmes qu'il peut nous faire, il faut faire taire tous les ressentiments et toutes les critiques. Il faut évoquer en soi une amitié absente, une amitié possible, il faut nous demander ce que nous ferions à son égard s'il était notre ami. Car tout homme peut l'être. Et que ne supportons-nous pas d'un ami ? Ce qui est blessure quand il vient des autres est loyauté quand il vient de lui.

Il n'y a qu'une règle à l'égard de tous les autres hommes, c'est de considérer chacun d'eux comme un ami possible. Il n'y a point de doute qu'il puisse le devenir pourvu que nous pénétrions tous deux assez loin dans une intimité qui nous est commune. Mais il n'y a qu'en Dieu, c'est-à-dire au Paradis, que cette intimité soit sans voile. A mesure que je m'en rapproche davantage, dans cette existence même qui m'est donnée, il n'y a pas d'être qui ne cesse d'être

pour moi un étranger et dont je ne sente que dans la source même où il puise, il ne fait qu'un avec ce que je suis.

Il n'y a point d'homme dans le monde qui ne puisse devenir un ami avec qui je puisse entrer dans une intimité qui nous est commune. Car dans tout homme il y a le tout de l'homme où chacun modèle l'ami qu'il veut avoir et qui n'existe que pour celui qui sait l'en faire surgir. Ainsi, en amitié, l'individuel et l'universel sont si étroitement unis que nous pouvons donner une juste place à la séparation et à l'option sans porter aucune atteinte à cette fraternité humaine qui fait de tout homme un ami possible.

Il serait vain de vouloir que tout homme devînt pour nous un ami réel, mais nous ne le traitons comme il faut que si nous découvrons en lui un ami possible.

Que tout homme soit à l'égard de tout autre homme un témoin ou un médiateur, cela suffit sans doute pour les arracher tous deux à l'anonymat des relations quotidiennes, pour les éveiller à la pensée d'une amitié possible et déjà à une amitié qui commence.

Nous devons régler nos relations avec les autres hommes selon ce double principe de conduite : agir à l'égard de notre meilleur ami selon des maximes que nous voudrions pratiquer à l'égard de tous les hommes qui n'y répondent pas toujours, et agir à l'égard de chaque homme, à l'égard du prochain, c'est-à-dire du passant, comme nous agirions à l'égard de notre meilleur et unique ami.

XII. - RENCONTRE DE L'AMI

Il n'y a personne qui ne pense trouver dans un autre homme un être avec lequel il pourra s'unir. Il existe en chacun certaines aspirations secrètes qui ne montent jusqu'à la surface de la conscience que lorsqu'il commence à les exprimer et à les sentir partagées. Mais la déception se produit vite, soit qu'il s'arrête à considérer ce qui lui est propre et qui le sépare de tous les autres, soit que son regard manque d'une pénétration suffisante pour atteindre ce centre profond de l'existence où ils ont le sentiment de leur commune origine. Aussi est-il naturel que nous cherchions toujours un être privilégié vers lequel nous nous sentions attiré par quelque vocation exceptionnelle. Seulement cet être n'est pas présent avant nous dans le monde, attendant que nous le rencontrions par une sorte de bonheur fortuit et miraculeux. Plus d'un être est mis sur notre chemin qui pourrait devenir celui que nous cherchons pourvu que nous y employions nous-même assez de foi, de douceur et de persévérance. Il en est de l'amitié par laquelle deux êtres peuvent s'unir comme de ces êtres eux-mêmes. Elle est comme eux à faire, plutôt que faite. Comme eux-mêmes, elle est d'abord une possibilité qu'il dépend d'eux de réaliser, une timide proposition qu'il dépend d'eux d'accueillir, un humble commencement qu'il dépend d'eux de conduire jusqu'à son terme.

Faut-il dire que nous avons choisi nos amis parmi les hommes les meilleurs ? Mais avons-nous le pouvoir de les choisir ? C'est la rencontre qui nous les donne. Il en est qui ne font jamais de rencontre. Or tout le monde ne désire pas non plus un ami. « Je n'ai aucun ami », disait Michel-Ange, « et je ne désire pas en avoir ». Il avait le goût de la solitude avec lui-même et avec Dieu. Il n'y a pas d'homme sans doute qui ne nous montre un peu de confiance et d'intimité et ne soit apte à devenir pour nous un ami. Mais l'amitié qui nous donne tant de joie n'est pas aussi facile qu'on le croit. Elle crée des devoirs non pas seulement à l'égard de l'autre, mais à l'égard de nous-même. Beaucoup la craignent ou la rejettent en lui préférant une cordialité plus familière. Cependant à mesure qu'elle s'approfondit davantage, elle abolit le devoir en faveur d'une liberté et d'une grâce naturelle qui font que devant un ami nous sommes plus nous-mêmes que quand nous sommes seuls.

XIII. - UN AMI EST UN MÉDIATEUR

Il ne peut y avoir d'amitié véritable qu'entre ceux qui ont foi dans les mêmes valeurs. Mais il subsiste entre eux une grande différence car ils n'en reconnaissent pas tous la présence avec la même subtilité ni dans les mêmes choses. Ils cherchent tous avec elle une rencontre idéale qu'ils n'obtiennent presque jamais. Mais c'est en la poursuivant que leur amitié dure et se fortifie.

Quand le bien que je recherche pour moi vous retire le bien que vous recherchiez pour vous, c'est un bien mauvais signe. Nous sommes alors ennemis. Et ce que nous recherchions vous et moi ne mérite pas le nom de bien. Mais quand le bien que je poursuis coïncide toujours avec le bien que vous poursuivez, ou plus justement encore s'accorde avec lui et semble le servir, alors nous sommes amis, même sans savoir que nous le sommes. Car l'amitié est au-dessus de vous et de moi. Elle crée entre nous une vie commune qui, en chacun de nous, fortifie et épanouit notre vie propre.

Pour savoir dans chaque cas ce que nous devons penser et ce que nous devons faire, il n'est pas inutile de sortir parfois de soi et de se demander comment pourrait agir celui de nos amis qui, dans les minutes les plus lucides de notre vie, nous a paru ressembler le mieux à ce que nous voudrions être.

Il semble que le propre de l'amitié, ce soit de former de deux êtres séparés un être nouveau dans lequel cette séparation semble abolie, bien qu'elle subsiste pourtant, mais seulement comme l'instrument d'une union invisible et secrète qui est comme l'effet de leurs différences mêmes. Ainsi on voit deux choses de forme très complexe et en apparence très éloignée se réunir en une seule de telle manière que leurs bosses et leurs creux s'emboîtent et se répondent. Cependant il y a encore quelque chose de trop statique dans une telle image. Deux êtres qui s'aiment sont loin d'avoir une forme préexistante et achevée : ils n'ont point à s'adapter l'un à l'autre tels qu'ils sont. Chacun d'eux en effet contribue à la création de l'autre. Vous voyez dans le monde ce que je n'y vois pas et que je n'y verrai que par votre intermédiaire. Vous mettez en jeu certaines puissances cachées que je découvre en moi quand vous les exercez. Qu'y a-t-il de plus en vous et en moi que ces possibilités mystérieuses qu'il me faut amener à la lumière du jour pour savoir que je les possède et devenir capable de les employer ? Chacun des deux est pour l'autre un médiateur entre lui-même et lui-même. Aussi longtemps qu'il est seul il use des pouvoirs dont il a appris à disposer ; mais un ami est comme Dieu même qui ne se découvre à lui que pour lui donner toujours quelque pouvoir nouveau, c'est-à-dire quelque grâce nouvelle.

XIV. – PERFECTION DE LA SOLITUDE

Il faut distinguer entre celui qui accueille sans effort toutes les rencontres et qui a des amis innombrables, celui qui ne connaît qu'une amitié unique où se prolonge son propre dialogue intérieur, celui qui est tout amour et s'épanouit dans le don qu'il reçoit, enfin celui qui reste enfermé dans son propre secret tantôt avec sa misère (c'est-à-dire avec lui-même) tantôt avec sa grandeur (c'est-à-dire avec Dieu).

On dit parfois qu'il faut mettre l'amitié au-dessus de l'amour parce qu'elle n'a plus besoin des servitudes du corps. Mais c'est aussi ce qui lui manque car là où le corps n'est pas présent l'être n'est pas présent tout entier ; il semble qu'il ait quitté la terre ; il garde, il retient pour lui seul ce qui le limite et ce qui l'asservit. De deux faiblesses qui s'avouent l'une à l'autre il naît une force qui nous enivre. Mais il y a peut-être un point où l'amitié et l'amour viennent se confondre c'est quand la beauté du corps parle un langage si pur que l'esprit seul est capable de l'entendre.

Le mal de la vie, c'est moins comme on le dit l'impossibilité où nous sommes de rompre notre solitude que d'en réaliser la perfection, c'est-à-dire d'être tout à fait nous-même dans nos purs rapports avec Dieu. Dès que nous sommes avec les autres nous ne connaissons plus que des compromis et des blessures. Celui que nous appelons un ami, c'est celui qui nous rend miraculeusement à notre solitude. Il nous oblige toujours à la retrouver, à y rentrer. Il la protège. Il est là comme s'il n'était pas là. Et il faut qu'il soit là pour que nous éprouvions que nous sommes seul. On parle du lien que l'amitié crée entre les hommes. Il serait plus vrai de dire qu'elle dénoue tous les liens qui nous enchaînent aux autres hommes, à celui qui est là et que nous nommons notre ami et enfin à nous-même. Notre liberté est désormais désentravée. Elle ne l'est que dans son rapport miraculeux avec une autre liberté. Nul ne songe à agir sur l'autre ni à rien sacrifier à leur accord. Et sans l'autre, aucune d'elles ne serait tout à fait elle-même. Chacun de ces deux êtres dilate sa propre vie intérieure sans aucun souci de l'autre : la merveille c'est qu'il se produit entre eux une rencontre qui dépasse toutes les aspirations du désir ou les efforts du vouloir. Rien ne compte pour l'un ni pour l'autre que la vérité de lui-même qui est sa propre essence individuelle qu'il semble découvrir à l'autre par sa seule présence sans qu'il en ait le dessein.

Chapitre XI
SUR LA MAXIME : FAIRE À AUTRUI CE QUE L'ON VOUDRAIT QU'IL VOUS FÎT À VOUS-MÊME

I. - SE MÉFIER DES RÈGLES UNIVERSELLES

Presque tous les hommes pensent qu'il y a une règle générale de conduite valable pour toutes les circonstances et pour tous les êtres. C'est là ce qu'on apprend dans les écoles, au catéchisme et que promulgue la société. Mais dans la vie les choses se passent tout autrement. Car je ne connais et il n'y a dans le monde que des individus ou des cas. C'est à eux que mon action doit toujours exactement convenir ; c'est pour eux qu'elle est faite. Bien loin de dire que je possède d'avance une règle qui viendrait s'interposer entre un homme et moi et m'empêcher d'obtenir avec lui aucun contact immédiat et vivant, il faut dire, non pas seulement que le propre du jugement comme de l'amour, c'est de discerner dans chaque cas les différences particulières qui m'obligent à infléchir son application, mais encore que toute action est unique et privilégiée, qu'elle n'a de sens qu'à l'égard de tel être à tel moment et dans telles circonstances, et que c'est là seulement qu'elle pénètre au cœur du réel, qu'elle opère entre lui et moi une rencontre réelle, qu'elle nous engage l'un et l'autre et entre dans notre destinée.

Dira-t-on que c'est après coup que je généralise ? Mais je ne pense jamais à le faire. Et à quoi cela pourrait-il servir ? Dira-t-on que je découvre le général dans le particulier ? Oui sans doute. Mais qu'entendons-nous par le général ? Non point l'abstrait, alors, mais cette présence éternelle de Dieu dont chaque parcelle du monde est pour moi une révélation.

Le danger d'appliquer à tous les hommes une règle universelle, c'est de les dissocier de leur nature proprement individuelle et de la situation dans laquelle ils se trouvent engagés, soit pour les transporter dans un monde abstrait et irréel où tous les êtres se répètent, c'est-à-dire cessent d'exister, — soit, plus souvent encore, pour exiger qu'ils me ressemblent et les juger seulement sur cette ressemblance qu'ils ont avec moi. Mais il n'y a qu'une règle universelle, c'est pour tous les êtres de découvrir et de mettre en œuvre ce qu'il y a en chacun d'eux d'unique et d'incomparable, de manière à ce qu'il s'accorde avec ce qu'il y a d'unique et d'incomparable chez tous les autres êtres, au lieu de le nier et de le combattre.

Il faut se méfier non pas seulement des règles universelles mais de ce besoin d'universalité dont témoignent tant de consciences. C'est le moyen le plus sûr pour séparer radicalement tous les êtres les uns des autres et tout d'abord chacun d'eux de lui-même.

On ne légifère que pour les autres et non point pour soi ou pour soi quand on se considère soi-même comme un autre. Mais il faut peut-être aller plus loin et dire que toute loi est une loi des corps et que si on parle des lois du vouloir c'est encore pour assujettir le corps par le moyen du vouloir à un ordre universel comparable à l'ordre de la nature et qui le prolonge.

II. — JUSTICE ET RÉCIPROCITÉ

On le voit bien quand on considère d'un peu près le devoir de justice. Il semble que l'on ait tout dit quand on a posé le principe que les hommes doivent être justes les uns à l'égard des autres et que l'on a défini la justice par une parfaite réciprocité. Mais les choses sont plus subtiles qu'on ne pense. Car on n'a jamais affaire à des êtres égaux et interchangeables, mais à un jeu de différences, à une architecture d'inégalités qui fait qu'à l'égard de l'autre chacun a un devoir unique à remplir et qui varie selon les circonstances, selon l'appel qui lui est fait et le pouvoir dont il dispose, selon ce qu'il est capable de recevoir ou de donner. Toute relation réelle entre deux individus vivants met en échec la justice abstraite, au lieu de la découvrir. Je sais bien que mon action n'est pure que si je n'attends rien en échange et que la vôtre ne l'est aussi que si elle n'aspire jamais à rendre. Mais la réciprocité parfaite donne à l'esprit une sorte de satisfaction théorique qui abolit le caractère unique de l'individu au profit de la vérité de la règle. Elle a un caractère de clarté apparente et d'impérieuse rigueur qui provient de sa ressemblance apparente avec certaines lois du monde matériel, en particulier avec la loi de l'égalité entre l'action et la réaction. Mais cela même devrait nous rendre méfiant. Car la matière n'est pas le modèle de l'esprit ; elle en est jusqu'à un certain point l'image, mais une image imparfaite et même retournée. Le principe de l'égalité entre l'action et la réaction c'est l'envers même de la relation entre les esprits ; il exprime la limite de leur communication et pour ainsi dire leur point de répulsion, là où ils sont assujettis à la matière selon certaines lois qui sont les mêmes pour tous.

Dieu, dit-on, agit toujours selon des lois générales. Il répand sa grâce, qui est son essence elle-même, sans acception de personne. Et on la compare à la pluie du ciel. Mais tout se passe pourtant comme s'il s'adressait à chaque homme nominativement, comme s'il faisait à chacun ce don qui ne convient qu'à lui seul. C'est ainsi qu'il faut nous conduire à l'égard des autres hommes. Et comme Dieu lui-même il faut et il suffit que nous soyons toujours tout entier présent à chacun d'eux sans rien retrancher de ce que nous sommes, pour que chacun reçoive de nous sans que nous l'ayons voulu juste ce dont il a besoin, c'est-à-dire la meilleure chose que nous puissions lui donner.

Chapitre XI

Chacun doit proportionner sa conduite vis-à-vis d'autrui à la différence qui les sépare comme chacun doit proportionner son action vis-à-vis des objets à la distance où il se trouve placé. Nul il est vrai n'est assez averti ni assez habile pour reconnaître dans tous les cas le parti le meilleur. Mais il y a une certaine simplicité qui dispense de tous les calculs et qui va bien au-delà.

Être toujours avec tous, c'est le moyen de ne jamais être avec aucun ; mais être toujours avec chacun, c'est le seul moyen pour être avec tous. Je ne veux point que chacun me traite comme il traite tous les autres êtres : je sens bien alors que pour lui je ne suis rien, mais si c'est moi qu'il rencontre je suis assuré qu'il ne peut être avec aucun autre comme il est avec moi.

III. – COMPRENDRE L'ÉGOÏSME D'AUTRUI

Le problème prend toute son acuité lorsqu'on médite sur cette maxime classique que notre conduite à l'égard des autres hommes doit être identique à notre conduite à l'égard de nous-même. Il suffit donc que nous servions l'intérêt d'autrui comme nous servons notre intérêt propre. Les lois universelles de la conduite trouveraient là, non seulement une application particulière, mais leur fondement absolu. Mais les choses apparaissent bien vite sous un autre jour : si l'on considère chaque être comme naturellement égoïste, on peut imaginer facilement une loi en vertu de laquelle tous ces égoïsmes se limitent et se compensent. Seulement c'est toujours l'égoïsme qui parle. Je ne fais rien pour autrui, et, dans ces restrictions que je m'impose, c'est encore à moi-même que je pense, je conclus une sorte de pacte avec l'égoïsme d'autrui pour que mon égoïsme n'ait pas à en souffrir.

Tel n'est point le sens du commandement qui m'oblige à faire à autrui ce que je voudrais que l'on me fît à moi-même, à servir son égoïsme comme je sers le mien. Si l'égoïsme est un mal, serait-ce donc nous en guérir ou ne serait-ce pas y ajouter encore que de le cultiver et de le satisfaire à la fois en soi et chez les autres ? La seule chose qui compte en effet c'est que mon propre égoïsme se trouve converti en son contraire, qu'il se change lui-même en désintéressement. Cependant on se trouve ici en présence d'une transmutation des valeurs qui nous découvre sans doute le mystère de notre conduite à l'égard d'autrui. Tout d'abord je ne puis découvrir la présence d'un autre, m'intéresser à lui, entrer en communication avec lui qu'à partir du moment où je cesse de penser à moi, c'est-à-dire où je m'oublie moi-même. Ainsi c'est d'abord l'attachement que j'ai pour mon propre égoïsme, en me découvrant l'égoïsme des autres que je me représente à l'image du mien, qui me libère par une sorte de contradiction de l'égoïsme qui m'est propre. En transférant de moi à un autre la satisfaction de l'égoïsme il ne faut pas dire que je sers encore mon propre égoïsme : je le nie et je le transcende. Nous avons affaire ici à une admirable chimie mentale qui ne trompe pas notre sensibilité, mais dont notre intelligence ne parvient pas toujours à discerner les éléments : car celle-ci regarde toujours vers leur origine, elle ne comprend pas comment ils peuvent devenir à un certain moment autres qu'elle ne les a trouvés. Pourtant nous voilà au cœur même de l'existence, là où la nature se fond en esprit, où chaque moi trouve dans son lien avec un autre moi une libération à l'égard de lui-même, où, en appliquant à autrui la règle que je suivais pour moi-même, je lui donne une signification nouvelle qui la renverse et la transfigure.

Ce n'est pas parce qu'il est bon que je poursuive mon intérêt propre qu'il est bon que je poursuive aussi l'intérêt d'autrui. Ce qui est mauvais en moi quand je le cherche pour moi devient bon en moi (et non pas pour vous) quand je le cherche pour vous. Le bien que je vous fais est mon bien plus que le vôtre. Car vous pouvez l'accepter comme une satisfaction purement égoïste et que vous n'êtes pas capable de dépasser. Il est bon en tant qu'il vient de moi qui vous le donne et non de vous qui l'avez recherché pour en jouir.

Mais pouvons-nous admettre que de cette conversion intérieure je sois le seul bénéficiaire et qu'elle ne soit réalisée qu'aux dépens d'autrui dont je flatte et je nourris encore l'égoïsme ? Les choses sont plus belles encore. Car ce désintéressement à l'égard de moi-même que j'apprends lorsque je sers l'intérêt d'autrui, je l'apprends aussi à autrui, dès qu'il n'a plus besoin de défendre son intérêt et qu'un autre en a pris la charge : ainsi il ne faudrait pas penser que l'application d'une telle règle m'obligeant à servir l'intérêt d'autrui m'ennoblisse en l'avilissant. Car elle opère la même transmutation des valeurs en autrui qu'en moi. Le désintéressement inséparable de l'acte de donner, elle l'introduit encore dans l'acte de recevoir.

IV. - *L'ÉGOÏSME DÉPASSÉ*

Regardons les choses du dedans. Ce bien que je poursuivais autrefois par égoïsme, voici que je le reçois maintenant de vous. Mais comment en jouirais-je de la même manière que si je me l'étais à moi-même donné ? Je ne puis plus m'enfermer en moi pour le posséder. Il est impossible que je ne remonte pas à la main qui vient d'y pourvoir. Et l'auteur même de ce bien me devient tout à coup présent, je n'ai plus de regard que pour lui à travers la chose même que je tiens. Il cessait donc de penser à lui pour penser à moi et je ne pense plus qu'à lui dans cet objet que je viens de recevoir et qui n'est plus rien pour moi par sa substance même, mais seulement par le témoignage qu'il m'apporte et qui vient de lui. Et peut-être faut-il dire qu'en cela seulement consiste la différence de noblesse entre les hommes : que les uns ne regardent jamais dans les choses qu'ils reçoivent que les avantages qu'ils en peuvent tirer et les autres que l'intention qui les a données. Alors seulement aussi les choses visibles reviennent à leur signification véritable qui est d'établir un lien entre les esprits invisibles. Ce lien matériel lui-même se perd, il se fond dans la pensée de celui dont il vient. Sa jouissance elle-même devient plus pure ; je ne me précipite plus sur elle avec avidité. Cette présence inattendue, inespérée, et si contraire semble-t-il aux lois de la nature qui ne suffiraient pas à la produire, crée entre vous et moi une communication spirituelle qui me rend égal à vous, aussi désintéressé à l'égard de ce bien qui vient de vous vers moi, que vous l'êtes à l'égard de ce bien dont vous vous êtes séparé pour moi ; elle nous transporte l'un et l'autre dans un monde spirituel dont le monde matériel nous ouvre l'accès, si nous savons le comprendre et en user comme il faut, c'est-à-dire changer le sens de tous les mouvements qui s'y accomplissent.

V. - LA JUSTICE ET LA CHARITÉ
NE S'APPLIQUENT QU'À AUTRUI

L'opposition que la conscience populaire établit entre l'égoïsme et l'altruisme renverse les fondements de la morale universelle : elle l'emporte infiniment en valeur métaphysique sur l'idée d'une justice ou d'une charité que je réclamerais pour moi-même au même titre que pour tous les autres et que l'on chercherait encore à justifier hypocritement par l'abominable idée d'un égoïsme bien entendu.

Si les deux vertus fondamentales sont la justice et la charité, comment pourrais-je sans devenir odieux les pratiquer à l'égard de moi-même ? Elles n'ont de sens que de moi à autrui ou d'autrui à moi. Et c'est cette parfaite réciprocité qui fonde l'union entre autrui et moi. La justice, c'est la relation que j'essaie de maintenir entre tous les autres êtres afin que chacun puisse sauvegarder sa propre existence et développer toutes ses puissances, sans qu'on puisse l'opprimer ni l'anéantir en le réduisant à n'être qu'un esclave, ou une chose, ou rien. La charité, c'est la relation vivante d'un être avec un autre être à qui il faut que je donne tout mon amour, comme Dieu même, afin de le soutenir dans l'existence. Et le ciment du monde, c'est que tous les hommes apprennent à appliquer la justice et la charité à l'égard des autres, sans jamais les réclamer pour eux-mêmes.

Il y a plus : étant l'origine de l'acte je n'en puis pas être l'objet. Et quand je me demande comment je dois agir à l'égard de moi-même, je fausse tous les rapports, je deviens un autre pour moi-même. Je tourne contre moi une puissance dont ce n'était pas l'emploi et je me perds en croyant me servir. Car je ne suis rien que cette puissance même de donner à autrui, qui fait que je m'accrois toujours de cela même que je lui donne et me diminue moi-même de tout ce que je lui retire pour me le donner. L'idée même d'une justice égale entre lui et moi abolit cette distinction fondamentale entre moi et l'autre, sur laquelle est fondée toute relation réelle entre les personnes. Elle suppose que je pourrais non point proprement faire du moi des autres un autre moi-même, mais de moi-même un autre que moi.

Et la vertu la plus pure que je puis pratiquer à l'égard d'un autre qui est la charité serait une dérision si l'on soutenait qu'il faut la pratiquer aussi à l'égard de soi-même. On en trouve une sorte d'odieuse caricature dans cette maxime où s'incarne l'égoïsme qu'on n'est bien servi que par soi. C'est le contraire de la loi d'amour et dans l'expression même d'amour de soi, le mot d'amour est déshonoré.

VI. - SE QUITTER SOI-MÊME

C'est une chose admirable que les choses soient toujours les objets de la connaissance et non point nous-même, que tous les êtres doivent s'aimer les uns les autres et non point s'aimer eux-mêmes. La source de toutes nos erreurs, de tous nos dissentiments, de tous nos malheurs, c'est que nous cherchions à nous connaître plutôt que les choses et que nous pensions à nous aimer plutôt que les autres êtres. Qui s'enferme en soi ne connaît que l'impuissance et le désespoir. Qui se quitte commence l'apprentissage de la joie : et l'univers tout entier remplira peu à peu le vide qui lui a laissé la place.

Encore faut-il éviter toujours de régler mon action à l'égard d'autrui sur ce que je pourrais attendre ou demander à l'égard de moi-même. Car que je puisse songer à l'attendre ou à le demander, cela suffit à introduire dans le critère de l'action, soit à sa source, et dans le modèle que je lui donne, soit à son terme et dans l'effet que j'en attends, une arrière-pensée égoïste qui la disqualifie.

L'idéal serait pour moi de me dépouiller de tout ce que j'ai pour vous. Alors seulement je posséderais un bien que je ne saurais pas acquérir autrement. Les rapports des hommes entre eux n'ont de sens qu'afin de réaliser cette merveille de solidarité où les êtres ont à se créer perpétuellement eux-mêmes par une constante médiation. C'est ce qu'ils font pour autrui qui les fait eux-mêmes ce qu'ils sont. Tel est le secret de la vie morale et le fondement de toute société entre les esprits.

VII. - S'AIMER,
EST-CE VRAIMENT AIMER ?

Ainsi il y a sans doute une ironie cachée dans le précepte de l'Évangile qu'il faut aimer son prochain comme soi-même. Car nul n'oserait penser qu'il y a là des devoirs qui puissent être mis sur le même rang. On sait de reste que l'amour de soi n'a pas besoin d'être enseigné, mais refréné. Et il suffirait d'appliquer autant d'amour à autrui pour être aussi vertueux qu'on pourrait jamais l'être.

Mais il ne s'agit pas ici de passer du plus facile au plus difficile. Il s'agit d'une conversion et d'un changement de sens. Aussi ces deux amours entrent toujours en concurrence. Celui qui s'aime se dépense tout entier à s'aimer : il ne lui reste plus de force pour aimer autrui. Mais s'aimer, est-ce vraiment aimer ? Aimer, c'est toujours aimer un autre et non pas soi ; alors l'amour que j'avais pour moi recule et peu à peu s'anéantit. Tout amour est sorti de soi, appel vers un autre être. L'amour le découvre, l'amour le fait être, il retrouve toujours l'acte d'amour qui l'a créé. Mais l'égoïsme est la négation de l'amour ; il le devance, mais il n'en est pas la forme la plus primitive ; il l'empêcherait plutôt de naître. L'amour a besoin de le vaincre pour être. Quand l'égoïsme n'est pas une simple explosion de la nature, mais qui ne mérite à aucun degré le nom d'amour, il est un produit tardif et pervers de la réflexion, la mort de l'amour. On ne connaît, on n'aime que ce qui n'est pas soi, bien que Narcisse ne s'intéresse qu'à cette connaissance de soi toute nourrie de l'amour de soi, et qui prétend le nourrir à son tour, mais seulement d'illusions et de prestiges.

Qui peut penser que l'amour que je donne à autrui, s'il est un amour véritable, soit le même amour que je me donne à moi-même, un égoïsme dilaté et non point un égoïsme renoncé ? C'est l'amour que je me retire à moi-même. Le monde n'a plus pour moi le même centre. Le moi, loin de songer à lui-même est toujours prêt au sacrifice. Là est la vraie mesure de l'amour, qui n'existe point autrement. Et le christianisme auquel on emprunte la maxime, la dément toujours. Qui oserait l'appliquer à cette vie humaine du Christ que le chrétien doit imiter sans cesse ? Il aime les hommes non point comme il s'aime lui-même, mais comme il aime son Père, et son corps meurt éternellement pour eux sur la croix.

VIII. — LE SACRIFICE

Toute création est un don parfait de soi, et le sacrifice est la loi même de la création. Ce que l'on observe déjà dans les rapports entre l'artiste et son œuvre : l'artiste souffre de ne jamais réussir à se mettre en elle tout entier, dans tout ce qu'il est, dans tout ce qu'il pourrait et voudrait être. Mais c'est pour cela aussi que l'homme quand nous le rencontrons nous déçoit si souvent et nous semble au-dessous de ce qu'il a fait. Lui-même ne s'y reconnaît pas toujours. Il arrive qu'il ne soit pas resté à son niveau. Mais c'est sur elle qu'il demande à être jugé : c'est en elle qu'il est et non plus dans son corps, qui est déjà une ruine. Le Créateur du monde à son tour fait passer dans sa création l'infinité même de sa puissance ; c'est dans sa création qu'il demande à être connu. Il n'y a que les spirituels qui y réussissent. Tous les autres sont aveuglés par la malice de la création. Ils ne voient que le don : ils ne voient pas en lui le donateur. Et Dieu nous a enseigné que c'est une loi universelle, dont il donne lui-même l'exemple qui se consomme dans le Christ, que la création ne peut jamais être séparée du sacrifice.

Chapitre XII
SPIRITUALISATION DE LA NATURE

I. - QUE NOTRE ACTION IMITE CELLE DE DIEU

On peut doubter que Dieu ait créé le monde matériel car on ne sait pas si ce monde est digne de lui. Platon avait réservé un tel office au démiurge. Mais on ne peut douter qu'il ait créé le monde des esprits et même que ce soit lui qui suscite et ranime à tout instant en chacun de nous notre vie spirituelle. Là est l'unique action de Dieu, son essence sur laquelle tous les hommes, les athées et les croyants devraient se mettre facilement d'accord. Mais en cela nous sommes faits nous-mêmes à l'image de Dieu. Notre action matérielle est incertaine et inefficace. Elle est l'effet d'un ordre dans lequel nous sommes pris, mais dont nous ne sommes pas l'auteur. Et nous n'agissons vraiment que lorsque nous nous éveillons nous-même, que lorsque nous éveillons d'autres êtres à la vie de l'esprit. C'est en créant d'autres âmes que nous créons notre âme. Là nous sommes les imitateurs et les coopérateurs de cet acte suprême de la création par laquelle Dieu appelle tous les êtres à l'existence en leur permettant de participer à l'opération par laquelle il se crée lui-même éternellement.

Ce n'est rien d'aider les hommes matériellement, il faut les aider spirituellement. Mais la première chose est plus facile que l'autre, bien que l'on puisse ironiser là-dessus. Toute aide matérielle doit être un moyen au service d'une aide spirituelle et ne doit pas en être dissociée. Inversement de cette aide spirituelle elle-même, il faut toujours que la matière soit l'expression. C'est que l'homme est indivisible. Il faut toujours le considérer tout entier. Mais il y a en lui une hiérarchie de fonctions et les tâches paraissent inégalement réparties : dans aucun cas pourtant elles ne peuvent être séparées.

Nous ne pouvons pas avoir d'autre attitude à l'égard d'autrui que de l'aider à se réaliser, c'est-à-dire à réaliser en lui cette vie de l'esprit que nous réalisons aussi en nous par cette entremise. Le propre des biens spirituels, ce n'est pas seulement qu'ils doivent toujours être prêts à être reçus ou à être donnés, mais qu'ils résident dans l'acte même qui les reçoit ou qui les donne. Ils ne permettent ni qu'on les garde ni qu'on en jouisse dans la solitude.

II. - MILIEU SPIRITUEL

Il ne faut jamais avoir avec les autres hommes que des rapports purement spirituels. Et il faut que les rapports matériels les suivent et les expriment toujours. La plupart des hommes pensent que les rapports spirituels n'ont de sens que pour préparer les rapports matériels qui les réalisent. Mais c'est sans doute le contraire qui est vrai. Car ce sont les rapports matériels et sensibles qui ne deviennent réels que lorsqu'ils sont spiritualisés.

Lorsque Marc dit : « l'homme est souillé par ce qui sort de lui et non par ce qui y entre », faut entendre qu'il y a en lui un milieu spirituel qui transfigure tout ce qu'il accueille et dont rien ne sort que pour revenir vers la terre qui le dégrade et qui le corrompt.

Il est remarquable que l'absence ne rompe point la communication entre deux êtres, mais au contraire qu'elle la favorise. Elle pouvait ne pas exister quand ils étaient encore tout proches l'un de l'autre. Dans la présence la plus étroite elle était encore tout intérieure et indépendante des signes : elle les rendait inutiles. On comprend alors que ni l'espace, ni le temps n'aient de force contre elle.

Car la proximité et l'éloignement entre deux êtres ne doivent pas être calculés selon la distance. Peut-être faut-il dire qu'ils sont déjà marqués en Dieu avant que nous en prenions conscience. C'est comme une révélation qui nous est faite, mais ce que l'on découvre alors, il semble qu'on le savait déjà.

Les hommes n'ont entre eux que des relations temporelles déterminées par les événements ou par les fluctuations du désir. Pourtant nous savons bien que les seules relations réelles sont celles qui intéressent leur essence. Ce sont celles que nous aurons avec eux dans l'éternité. Mais elles commencent ici-bas et il arrive parfois que nous percevions dans une sorte d'éclair cette situation relative dans l'être absolu que nos actions particulières figurent, mais ne modifient pas. C'est à ce moment-là seulement que les hommes se comprennent vraiment, c'est-à-dire se découvrent comme différents ou comme inséparables.

III. - LE SENSIBLE ET LE SPIRITUEL

J'ai toujours affaire à des êtres sensibles que je risque toujours de blesser et que j'ai pour devoir de ménager. Car dans les rapports sensibles il y a une sorte d'image et d'effet des rapports spirituels auxquels le corps lui-même participe. Mais les volontés se heurtent toujours : elles cherchent toujours tantôt à se contraindre et tantôt à se séduire. Elles mettent la sensibilité à leur service au lieu de lui laisser son caractère désintéressé et son libre jeu. Mais il faut que le spirituel et le sensible, au lieu de s'exclure, ne cessent de se soutenir.

Nous ne commençons à avoir des relations réelles avec les autres hommes, ces relations n'acquièrent un caractère d'intimité véritable que lorsque nous sentons que c'est le même Dieu que nous adorons intérieurement. Toutes les autres relations n'ont lieu qu'entre les corps. Ainsi dans la société antique les étrangers étaient admis au commerce matériel et vénal avant de l'être au commerce religieux et spirituel. Et peut-être faut-il dire qu'il en est encore ainsi parmi nous.

Il n'est pas nécessaire de poursuivre la communion humaine comme un but. Car c'est supposer que les hommes sont séparés et cherchent à vaincre leur séparation. Mais alors il arrive qu'ils la soulignent. Il suffit qu'ils se découvrent eux-mêmes comme des êtres spirituels. Alors la communion humaine est réalisée sans qu'ils l'aient cherchée, sans qu'ils l'aient voulue, et comme si chacun n'avait jamais pensé qu'à lui-même.

Quand nous avons donné à un autre homme l'accès du monde spirituel, nous lui avons tout donné. Nous ne pouvons plus rien pour lui.

IV. - S'OUVRIR À LA VIE DE L'ESPRIT

Il y a un instinct de proie qui pousse les êtres à s'asservir et à se dévorer. Et peut-être faut-il dire qu'il s'agit pour nous moins de l'abolir que de le convertir. Tant il est vrai que c'est à la nature qu'il faut emprunter toutes les forces dont il nous appartient précisément de faire un autre usage si souvent antagoniste. Ainsi prend naissance l'idée du sacrifice volontaire. Mais les extrêmes sont plus liés qu'on ne pense. Généralisez l'instinct de proie et le monde devient un charnier. Généralisez le sacrifice volontaire : il n'y a plus que des victimes à immoler.

On peut dire de presque tous les hommes que lorsqu'ils sont laissés à eux-mêmes ils sont à la fois bornés, brutaux, cruels et tristes. Ce qui nous arrive aussi à nous-mêmes, dès que nous sommes réduits à la nature. On ne sait pas si c'est la complaisance ou la révolte qui montre le mieux les chaînes où la nature nous retient. Mais s'ouvrir à la vie de l'esprit, c'est faire pénétrer en soi la lumière, la douceur, la bonté et la joie.

C'est que la sensibilité naturelle partage le monde en objets de plaisir ou de douleur, d'aversion ou de désir, tandis qu'il y a une sensibilité spirituelle qui fait jaillir de chaque chose et de chaque être une source d'amour et de joie.

Enfin beaucoup d'hommes pensent que le milieu n'a d'importance que pour les imbéciles qui ne font que le subir ou pour ces parties imbéciles de ma nature qui s'y plient naturellement. Mais c'est ce milieu où il plonge ses racines et qui nourrit son indépendance.

Il y a un milieu spirituel dans lequel se développent tous nos sentiments et toutes nos pensées, comme il y a un milieu matériel où se développent toutes nos actions. Il obéit à des lois subtiles, mais qu'il serait aussi périlleux de mépriser que les lois de la physique.

Le spirituel cherche des êtres purs, avec lesquels on soit toujours comme entre des initiés. Et l'on entend par initiés des hommes qui possèdent un secret. Mais ce secret est l'oubli de tout ce que l'on savait, une parfaite ouverture sur le présent tel qu'il nous est donné, une parfaite docilité à l'égard de toutes les voix intérieures dès qu'elles commencent à nous parler, et un clair regard sur le réel sans qu'aucune ombre ni aucune souillure vienne s'interposer entre lui et nous.

Ce sont les calmes qui vivent au milieu du calme et les tourmentés au milieu des tourments sans qu'on sache si c'est un effet de la nature ou de l'élection.

V. - *DIEU SEUL*

Eckhardt dit : « Celui qui prendrait en même temps Dieu et le monde n'aurait pas plus que s'il n'avait que Dieu seul. » Mais cela est difficile à faire comprendre. Car s'il a Dieu seul il a plus que le monde qui n'est que le chemin qui le conduit à Dieu. S'il garde encore un regard vers le monde, le monde le retient et l'empêche de trouver Dieu. Il ne faut pas lui laisser entendre que s'il a Dieu il a aussi le monde, car la possession du monde viendrait peut-être à l'attirer et c'est Dieu qui se retirerait de lui. Il faut dire que s'il a Dieu le monde lui devient inutile et que même à travers le monde c'est de Dieu seul qu'il jouit.

Le commencement de la sagesse c'est de montrer qu'il n'y a rien dans le monde qui puisse trouver dans le monde sa fin véritable. On a assez dit que tout change, que le temps emporte tout, et qu'il n'y a nulle part de port où nous puissions trouver un repos et un abri à la fin de nos tribulations. Encore ne faut-il pas qu'en disant que nous le trouverons un jour au ciel, la foi fasse du ciel lui-même une autre terre où nous jouirions de certains biens qui nous seraient donnés comme des choses. Car le ciel c'est l'esprit que chacun porte en soi et où à chaque instant tout événement vient s'achever et pour ainsi dire se dénouer, nous découvrir sa valeur et son fruit et nous livrer son essence éternelle telle que nous avons su la dégager et la faire nôtre.

VI. — *LE CENTRE DE L'ÂME*

L'étude de l'homme, l'examen de conscience ont pour objet de retenir dans l'existence les moments les plus beaux, cet état de simplicité pure dans lequel toutes ses puissances semblent disponibles sans qu'aucune d'elles ait besoin de trouver un exercice séparé. Dans ce parfait équilibre où l'âme se trouve réduite à sa seule essence, c'est-à-dire à son unique rapport avec Dieu, il ne faut pas dire que l'être semble dépouillé de tout et tourné pour ainsi dire vers une contemplation intérieure sans objet, mais c'est la condition requise pour que chaque chose se montre à elle dans sa plénitude, chaque idée dans sa transparence, chaque être dans son efficacité.

Et la sagesse, c'est de savoir rendre constante cette disposition exceptionnelle qui tout à coup apparaît en nous sans que nous l'ayons cherchée, comme un don, comme une grâce. Il serait vain de penser que la volonté soit capable de la maintenir, car il semble plutôt qu'elle la chasse : mais elle a précisément le pouvoir en s'effaçant de nous permettre de la rendre de nouveau présente : car elle est toujours présente au fond de nous, si nous n'y faisons point obstacle. Que notre amour-propre s'efface et c'est elle qui se montre.

Il faut toujours se tenir aussi près que possible de ce centre le plus secret de l'âme d'où la joie est toujours prête à jaillir. Et c'est sans doute le seul moyen que nous ayons de susciter une communion toujours renaissante entre les autres hommes et nous, de les arracher à la prison de la solitude subjective, de ne point être irrité de ce qu'ils font, de ne point leur faire de reproche, de les accueillir dans un monde dont ils se croyaient eux-mêmes bannis et où sans savoir comment, il leur semble qu'ils s'épanouissent.

VII. — *LE DÉSINTÉRESSEMENT*

Car les hommes ne désirent que ce qui leur manque. L'amour-propre seul les porte à penser qu'ils n'ont besoin de rien et à mépriser ce qu'ils n'ont pas. Peut-être faut-il dire que toute véritable jouissance est désintéressée et exclusive de tout désir d'appropriation. Elle consiste dans la contemplation de l'univers et de toutes les différences qui le remplissent, à se réjouir qu'il soit ce qu'il est, toujours nouveau, imprévisible et inépuisable. Quelle folie que de vouloir garder toujours pour soi l'usage et la disposition de ces biens dont l'essence est qu'ils sont offerts à tous : rien n'appartient à chacun que l'acte même par lequel il les fait siens. Quelle folie que de vouloir tout enclore en soi et tout retenir. Ce désir n'est applicable qu'aux biens de la terre : mais leur essence est de nous échapper toujours et du désir de les posséder procèdent tous nos maux. A moins que ces biens ne se forment que comme l'image et l'effet d'une certaine bassesse de nos désirs et que, lorsque nos désirs s'élèvent davantage, ils nous en délivrent.

Il y a des âmes mercenaires qui n'ont en vue que le profit et avec lesquelles toute communication est impossible. Car toute communication suppose un parfait désintéressement, qui est de regarder vers Dieu et non point vers les hommes.

Le désintéressement c'est l'indifférence, c'est le mépris à l'égard de tout ce qui n'est qu'à nous et qui nous limite. C'est de se jeter dans l'infini, ou de se confier à lui sans arrière-pensée, sans vouloir rien retenir. Et selon une remarque très ancienne, c'est tout quitter pour tout avoir.

On est tenté de dire que peu importent les besognes que l'on peut accomplir, pourvu que toutes les puissances de l'âme y trouvent leur emploi. Beaucoup consument toute la subtilité de leur esprit dans des tâches stériles qu'ils ont eux-mêmes choisies, dont il semble que ni eux ni personne ne tireront jamais profit. Faut-il admirer leur désintéressement ? Mais nul ne doute qu'ils ne poursuivent alors quelque satisfaction solitaire. Faut-il dire qu'ils se sacrifient ? Mais à qui ou à quoi ? Il semble au contraire qu'ils se donnent à eux-mêmes une fin privilégiée, qui ne vaut que pour eux, qui leur interdit de se sacrifier jamais. Il y a toujours un danger à choisir soi-même une forme d'occupation qui nous sépare des autres hommes et qui ne nous soit pas imposée par leur présence et par la situation même où la vie nous a placés. Car on dit : « Que la volonté de Dieu soit faite », mais elle ne peut être faite qu'en nous et par nous. C'est à nous de faire ce que Dieu veut.

Dans les relations entre les hommes on voudrait choisir aussi. On peut souffrir d'être repoussé et ne rien faire pour être accepté. Il suffit d'agir d'une manière désintéressée sans avoir de préoccupation à l'égard de l'accueil qui nous sera fait et qui sera alors tout ce qu'il doit être.

VIII. - LE VISAGE DES SPIRITUELS

C'est le signe que l'on n'est pas élevé assez haut encore dans la vie spirituelle que de dire ou d'écouter tant de choses médiocres dont la plupart des hommes se contentent tous les jours. Ceux qui sont plus avancés n'y changent rien. Mais ils chassent l'ennui ; derrière la coque vide qui suffit aux autres ils savent toujours trouver l'amande qui leur manquait et qui pour eux et pour les autres est une nourriture.

Il arrive que si l'on considère seulement le dessin de leurs traits, le visage de ceux qui vivent par l'esprit ne se distingue pas du visage de ceux qui vivent par le corps. Ainsi pendant l'hiver on ne peut distinguer les arbres vivants des arbres morts. Mais au premier rayon de lumière tout change, et comme on voit alors les arbres vivants verdir et fleurir, ainsi le visage des spirituels acquiert, dès que la grâce les touche, une douceur secrète et un éclat surnaturel.

Tous les hommes ont quelquefois de bonnes pensées. Mais il y en a peu qui acquièrent l'habitude d'en avoir de bonnes. Cette conversion de l'acte en habitude est l'effet du sacrement selon Malebranche et il y a un sacrement tout intérieur qui est la présence même de Dieu à laquelle nous ne devons pas cesser d'être attentifs.

Il ne faut pas mépriser les relations en apparence tout extérieures et superficielles et qui n'intéressent que l'être physique ou l'être social, le corps et la situation. Elles peuvent faire obstacle à des relations plus intimes et plus profondes, mais elles servent souvent à les figurer et il arrive souvent qu'elles y conduisent.

L'affinement des manières ne transfigure pas seulement les relations des hommes entre eux, mais encore l'idée même que nous devons nous faire de l'homme. Il atteste la présence d'une vie spirituelle qui pénètre l'action, qui l'adoucit et qui fait d'elle son expression et son véhicule. Le militaire cherche un effet analogue par la contrainte ; elle apparaît dans cette uniformité et cette raideur qui choquent l'honnête homme et où précisément il se complaît. Ici la volonté est tout, dans la mesure précisément où on sent qu'elle est pliée du dedans au dehors ; la sensibilité n'est rien, bien qu'elle puisse produire une entente plus profonde et plus subtile : elle serait plutôt une gêne, une faiblesse, une impudeur.

IX. - *LA PERFECTION ET LES DIFFÉRENTS ÂGES*

Qu'il y ait une perfection propre aux différents âges de la vie, cela doit nous induire à penser que le meilleur de tous les âges est celui où nous sommes et où, à chaque instant, nous remplissons notre destin.

Faut-il pleurer la jeunesse qui meurt, pensant à toutes les possibilités qu'en elle la mort a détruites ? Mais elle a péri dans sa fleur, qui passe, et que la mort éternise. Le sublime de Raphaël, de Mozart, de Keats, de Pouchkine est inséparable de la jeunesse où leur destin s'est consommé. Aucun n'a dépassé trente-sept ans. Regretter que leur vie n'ait pas été plus longue c'est regretter aussi cette qualité de leur génie que la mort nous révèle, qui lui aussi a son âge dans l'éternité. Ce n'était pas celui d'Homère, de Milton, de Victor Hugo.

Faut-il se plaindre de la vieillesse ? Et dire qu'elle a besoin de consolation ? Mais tout dépend de l'usage qu'on est capable d'en faire. Parmi les vieillards les uns deviennent gais, indulgents, qui sont les plus sages, et les autres tristes et acrimonieux, qui ne l'acceptent pas et en font grief à ceux qui sont restés jeunes.

La vieillesse est l'âge de la contemplation où l'on n'ambitionne plus rien. Il faut qu'elle spiritualise tout le passé au lieu de nous le faire regretter. En ce sens il y a en elle un accroissement et non pas seulement une diminution dans l'homme qui s'achemine vers la mort. Car si son avenir se rétrécit, c'est aux dépens de son passé qui s'agrandit et qu'il n'avait jamais eu le loisir de connaître. Si ses forces déclinent, son regard a plus d'étendue. Il n'a plus besoin de faire, car il ne s'agit plus pour lui que de voir. Ainsi sa vie spirituelle se substitue par degrés à sa vie matérielle jusqu'au moment où celle-ci sera engloutie et l'autre libérée.

X. - LA SAINTETÉ

Il n'y a qu'un trait qui puisse définir le saint, le plus rare, le seul nécessaire, qui suffit à tout, qui rassemble tous les autres, et sans lequel tous les autres sont comme rien. Le saint est l'homme entièrement dépouillé de tout amour-propre.

La différence entre l'homme qui s'est engagé dans le monde et l'homme qui s'en est détaché, c'est que l'homme qui est dans le monde considère dans bien des cas l'amour-propre comme une vertu. Le saint, jamais.

Le saint est encore celui qui supporte et qui aime le pécheur, au lieu de le repousser et de le haïr.

Le saint n'est pas celui qui se sauve lui-même, mais celui qui sauve les autres. Et c'est en les sauvant qu'il se sauve. Ce mot de salut indique assez que notre existence est toujours menacée. Et s'il est vrai que le temps ne cesse de l'anéantir, elle ne peut être sauvée que par cette entrée dans l'éternité qui est le privilège du saint.

Fin

ISBN : 978-2-37976-202-4

Milton Keynes UK
Ingram Content Group UK Ltd.
UKHW041946181124
451360UK00008B/980